Juliette à Hawaii

Catalogage avant publication de Bibliothèque et Archives nationales du Québec et Bibliothèque et Archives Canada

Titre: Juliette à ... / Rose-Line Brasset.

Autres titres: Juliette à Hawaii.

Noms: Brasset, Rose-Line, 1961- auteur. | Brasset, Rose-Line, 1961- Juliette à Hawaii.

Description: Sommaire incomplet: T. 1. Juliette à Hawaii.

Identifiants: Canadiana 20139424970 | ISBN 9782897814274 (vol. 12)

Classification: LCC PS8603.R368 J84 2014 | CDD jC843/.6—dc23

Les Éditions Hurtubise bénéficient du soutien financier du gouvernement du Québec par l'entremise du programme de crédit d'impôt pour l'édition de livres et de la Société de développement des entreprises culturelles du Québec (SODEC). L'éditeur remercie également le Conseil des arts du Canada de l'aide accordée à son programme de publication.

Financé par le gouvernement du Canada | Canada

Illustrations de la couverture et intérieures: Géraldine Charette
Graphisme: René St-Amand
Mise en pages: Martel en-tête

ISBN: 978-2-89781-427-4 (version imprimée)
ISBN: 978-2-89781-428-1 (version numérique PDF)
ISBN: 978-2-89781-429-8 (version numérique ePub)

Dépôt légal: 4e trimestre 2019

Bibliothèque et Archives nationales du Québec
Bibliothèque et Archives Canada

Diffusion-distribution au Canada:
Distribution HMH
1815, avenue De Lorimier
Montréal (Québec) H2K 3W6
www.distributionhmh.com

Diffusion-distribution en Europe:
Librairie du Québec/DNM
30, rue Gay-Lussac
75005 Paris FRANCE
www.librairieduquebec.fr

Imprimé au Canada

www.editionshurtubise.com

ROSE-LINE BRASSET

Juliette à Hawaii

Hurtubise

Rose-Line Brasset est journaliste, recherchiste et auteure. Elle détient une maîtrise en études littéraires et a rédigé plusieurs centaines d'articles dans les meilleurs journaux et magazines canadiens sur des sujets aussi divers que les voyages, la cuisine, la famille, les faits de société, l'histoire, la santé et l'alimentation. Globe-trotteuse depuis l'adolescence, elle est aussi l'auteure de *Voyagez cool!*, publié chez Béliveau, et de deux ouvrages parus aux Publications du Québec dans la collection « Aux limites de la mémoire ». Mère de deux enfants, elle partage son temps entre la vie de famille, l'écriture, les voyages, les promenades en forêt avec son labrador, la cuisine et le yoga.

À Barry

Samedi 27 juillet

13 H

— J'ai dit non.

— Mais mamaaan…

— Na-oooon ! Quand c'est non, c'est non ! Il n'en est pas question !

— Puisque je te dis qu'Eva, la mère de Gino, m'invite !

— Le sujet est CLOS !

Grrr ! Ma mère ! Elle ne comprend jamais rien ! 😠

— Une occasion pareille, ça n'arrive qu'une fois dans une vie, m'man !

— C'est beaucoup trop loin !

— Mais Eva sera là ! Elle veillera sur moi. Que lui reproches-tu, exactement ?

Elle soupire doucement, puis plonge son regard dans le mien.

— Je ne lui reproche rien. Simplement, je refuse de me séparer de toi. Tu comprends ?

Je soupire à mon tour. Bruyamment.

— Mais je n'ai plus trois ans, m'man. J'ai treize ans, bientôt quatorze. Il faudra t'y faire, tôt ou tard.

— Justement. Mieux vaut tard que trop tôt.

Le téléphone sonne et un numéro familier s'affiche sur l'écran.

— C'est sans doute Eva. Tu devrais décrocher.

— Ne te fais surtout pas d'illusions.

Mercredi 14 août

5 H

À l'aéroport, c'est le monde à l'envers. Ma mère pleure comme si elle avait pelé un sac d'oignons tout entier, tandis que je suis excitée comme si c'était mon premier voyage. Dans le fond, étant donné que c'est la première fois que je pars sans elle, c'est un peu le cas, non ?

Tu ne comprends pas ce qui se passe ?

Je t'explique.

Tu te rappelles mon ami Gino, né en Argentine ? Lorsqu'il était enfant, lui et sa famille ont quitté leur terre natale pour s'installer au Canada. Son oncle, le petit frère de sa maman, a vécu avec eux quelque temps à Québec. Puis, après bien des péripéties, il est parti vivre à Hawaii. C'est là qu'il s'est marié. (L'oncle, pas Gino !) ☺

Toujours est-il qu'Eva, la maman de Gino, n'a pas revu son frère depuis cinq ans, alors elle a décidé de lui rendre visite cette année. Son mari ne pouvait pas y aller parce qu'il n'a pas pu obtenir un congé à son boulot, alors elle a décidé d'emmener Gino. Formidable, non ? Et devine qui elle a invité à les accompagner ! ?

Les frères de mon copain resteront à la maison avec leur papa et, contre toute attente, ma mère a fini par accepter de me laisser partir. Elle a été particulièrement difficile à convaincre, mais après des jours et des jours de négociations, elle a fini par fléchir. Yahooou ! Il faut dire qu'avec Gino, sa mère et moi, cela faisait trois contre une…

17 H (HEURE D'HAWAII)

Au beau milieu du Pacifique Nord, nous approchons de Big Island, la principale île d'Hawaii et celle qui a donné son nom à l'archipel. Je suis éblouie par la vision enchanteresse qui s'offre à moi. Comment dire ? La grande île porte ce nom parce qu'elle est la plus grande. Elle est entourée d'un chapelet d'îles plus petites qui ont l'air d'être ses bébés. Toutes présentent un relief montagneux dans un écrin de verdure luxuriante, et cela, en plein milieu d'un océan où se mélangent différentes teintes de turquoise. C'est vraiment trop beau !

Penchée sur Gino et moi pour regarder à travers le hublot, Eva commente :

— On dit d'Hawaii qu'il s'agit du paradis originel parce qu'on trouve sur son territoire les plus beaux échantillons de paysages qui soient sur terre : la montagne, la mer, le désert et même la forêt tropicale.

— Je croyais que c'était plutôt parce que c'est l'archipel le plus isolé de notre planète, ajoute Gino.

— C'est vrai aussi.

— Ah bon ? ! fais-je, étonnée.

Mon ami me pointe du doigt un immense pic rocheux.

— Regarde ! Je crois que c'est le Mauna Loa, le plus gros volcan qui soit au monde et, en contrebas sur son flanc, le Kilauea. Avec un peu de chance, on passera suffisamment près pour apercevoir le lac de lave rougeoyante au fond de son cratère principal !

— Des volcans ? Wow !

Je me penche à mon tour pour mieux voir. Les abords de l'immense pic rocheux présentent un relief presque lunaire, désertique. Pas de lave à l'horizon, mais une mince colonne de fumée s'échappe de l'un des flancs du plus petit des deux volcans.

— Je ne savais pas qu'il y en avait à Hawaii. C'est normal qu'il y ait de la boucane ? m'inquiété-je.

— Absolument. Il ne faut surtout pas te faire de souci. Ce volcan fume juste pour la forme. Selon les experts, il est inoffensif depuis des années.

— Okay !

Puisque Gino le dit…

17 H 29

À l'heure prévue, nous atterrissons à l'aéroport de Kona. Le voyage a été si long que j'ai bien cru que nous n'arriverions jamais. Dix-sept longues heures ! Le fait est qu'Hawaii est bien loin des États-Unis puisqu'elle est située en Océanie et non pas en Amérique. Tu te rends compte ? Je ne me suis jamais trouvée si loin de chez moi ! 😲

De Québec, nous avons volé jusqu'à Montréal, puis nous avons pris un autre vol de Montréal vers San Francisco. Il a fallu un peu plus de six heures pour faire tout cela. Après une nouvelle escale d'environ deux heures, nous avons embarqué pour un dernier vol de cinq heures trente minutes jusqu'ici. Je savais que l'Océanie n'était pas la porte à côté, mais je n'avais pas compris que j'allais presque à l'autre bout du monde…

Il n'est pas encore dix-huit heures ici, mais pour moi, il est bientôt minuit et, comme je me suis levée à deux heures trente du matin pour être à l'aéroport à quatre heures, je suis exténuée. Passant une main dans mes cheveux, je me demande quelle mine je peux bien avoir. Je suis affreuse, certainement ! (Quoi ? Tu te demandes depuis quand je me soucie autant de mon apparence ? Depuis que je voyage en compagnie de Gino plutôt qu'avec ma mère, figure-toi. 😝)

18 H

Le premier détail qui me frappe en descendant d'avion, c'est l'humidité ambiante et la végétation présente partout. Tout est tellement vert !

Après les formalités d'usage avec les autorités, nous aboutissons dans un petit hall. C'est là que nous accueille l'oncle de Gino, les bras chargés de fleurs. Je le reconnais facilement parce qu'il est la copie conforme de mon ami, avec quelques années de plus. Eva se jette dans ses bras.

— *¡ Manolo !*

— *¡ Evacita, mi hermanita ! Gino, te hiciste tan grande*[1] *!*

---

1. — Ma petite Eva, ma petite sœur ! Gino, tu as tellement grandi !

C'est un moment de grande émotion. S'il y a quelqu'un qui sait à quel point il est dur d'être séparé de ceux qu'on aime, c'est bien moi, alors je les comprends tellement !

— Oncle Manolo, je te présente Jules, ma copine et meilleure amie.

L'oncle se tourne vers moi avec un sourire chaleureux.

— *Aloha*, Jules. Sois la bienvenue à Hawaii.

Tout en parlant, il dépose autour de mon cou un collier de fleurs toutes blanches et m'embrasse sur la joue. Il fait de même avec Gino et sa sœur. Les fleurs du collier d'Eva sont d'un rose presque mauve, tandis que le collier de Gino est blanc comme le mien.

— Hum, ça sent drôlement bon !

— Cela s'appelle un *lei* et c'est un symbole d'amitié et d'amour, explique l'oncle.

Je fais mine de retirer le mien pour mieux le regarder.

— Ne fais pas cela, chuchote Eva à mon oreille. Il faut des heures pour fabriquer ces colliers à la main et il est, paraît-il, très mal vu d'enlever son *lei* en public, en particulier devant la personne qui vous l'a offert.

— Oh !

J'avais entendu parler de cette coutume d'offrir un collier de fleurs aux visiteurs. Elle suscite à elle seule le désir de venir ici ! Mais j'ignorais à quel point il s'agissait d'un truc à prendre au sérieux.

— Je voulais simplement mieux voir de quelles fleurs il s'agit, m'excusé-je en mettant le nez dans mon collier.

En tout cas, ça sent rudement bon et c'est vraiment romantique ! Ce voyage en amoureux avec Gino s'annonce mémorable ! 😍

— Ce sont des fleurs de frangipanier, poursuit Eva. Elles sont typiques de la Polynésie.

18 H 30

À ma grande surprise, l'oncle de Gino n'a pas de voiture. Nous prenons une navette qui nous mène quelques bâtiments plus loin, aux abords d'un immense hangar surmonté de l'enseigne : « Paradise Helicopters – Discover Hawaii ».

— Tu es venu avec ton hélicoptère ? lui demande Eva.

— Hein ? ? ? 😲

— Oncle Manolo est pilote, m'annonce Gino. Il a fait sa formation à Québec, lorsqu'il habitait avec nous.

—Il a réalisé son vœu le plus cher, ajoute Eva avec fierté. Avant même de marcher, mon frère rêvait de voler ! Adolescent, il a commencé à travailler comme laveur de vaisselle dans un restaurant du Vieux-Québec. Il a mis tous ses sous de côté pendant des années pour pouvoir fréquenter une école de pilotage. Ah ! il lui a fallu en laver, des assiettes, pour payer les heures de formation et de vol nécessaires à l'obtention de son diplôme. Ça a été dur !

Elle passe une main affectueuse dans les cheveux de son frère. Celui-ci secoue la tête en riant.

—Le sacrifice n'a pas été si difficile. J'étais tellement passionné que j'aurais été prêt à dormir dans un hangar et à ne me nourrir que de pain et d'eau, si cela s'était avéré nécessaire.

En descendant du minibus, je ne comprends pas tout de suite ce qu'implique cette conversation. Puis, lorsque nous nous retrouvons devant un énorme engin à hélice, la lumière se fait dans mon esprit.

—*OMG !* Nous allons monter à bord ?!

Mon cœur se met à battre plus fort et j'ai les yeux ronds.

—Je ne te l'avais pas dit ? s'étonne Gino.

—Mais non !

Je n'avais encore jamais vu ce type d'appareil d'aussi près. Un gros insecte volant ! Trop trop *chill* ! 😄

Manolo monte le premier. Il m'aide ensuite à grimper à l'arrière en me tendant la main. Il fait de même avec Gino. Enfin, il installe Eva à l'avant et distribue à tout le monde des espèces de casques d'écoute équipés de micros.

— Ils servent à protéger nos oreilles du bruit et à communiquer entre nous, explique-t-il en m'aidant à ajuster le mien.

— Ah bon !

Je crois rêver... Quelle formidable aventure ! Les hélicoptères sont encore plus mystérieux que les avions. Ils n'ont pas d'ailes, mais ils peuvent avancer, reculer et monter à la verticale dans le ciel ! Malade !

Si ma mère me voyait, elle capoterait ! 😂

Puis, c'est le démarrage du moteur. Les pales se mettent à tourner à toute vitesse et le bruit est assourdissant.

— On va jusqu'où comme ça ? m'informé-je.

— Je vous emmène à Maui, une île voisine.

— Tu as déménagé, oncle Manolo ? demande Gino.

— Oui, le quartier où nous habitons dorénavant est beaucoup plus tranquille que celui où était situé notre ancien appartement d'Honolulu. Avec les enfants, c'est plus pratique, répond-il.

—Les enfants ? m'étonné-je.

—Ils en ont trois, répond Eva, en se tournant vers moi.

—Ah ! 😮

19 H

L'appareil s'arrache littéralement du sol pour s'élever vers le ciel. Jamais je n'oublierai ce que je ressens à cet instant : un délicieux mélange d'excitation et de peur, de même que l'indéfinissable sentiment de vivre un grand moment de ma vie de globe-trotteuse ! Se tournant vers moi avec le sourire, Gino demande :

—Ça va ?

Pouce en l'air, je lui fais signe que je vais bien. Après un certain temps, je me sens suffisamment à l'aise pour détourner mon attention de mes sensations physiques et m'attarder à admirer le paysage.

—C'est loin d'ici, Maui ? demandé-je en utilisant mon micro.

—À environ vingt-cinq minutes, répond Manolo.

Bien calée dans mon siège, je profite du voyage.

19 H 30

À l'aéroport de Kahului, l'oncle de Gino nous aide à descendre de l'hélico. Lorsqu'il se penche vers moi, je remarque pour la première fois un étrange pendentif à son cou. Une sorte de mini-masque en bois foncé, un peu effrayant, suspendu à un cordon de cuir. Je me demande ce que ça représente exactement. 😐

Ensuite, il nous entraîne à l'intérieur d'un vaste hangar. Là, sa famille nous attend. Enfin, je présume qu'il s'agit de sa famille lorsque trois petites boules d'énergie lui sautent littéralement dessus en criant joyeusement quelque chose qui ressemble à:

—*Makua kāne*[2]*!*

Ils sont trop mignons! ☺ Il y a deux garçons et une fille. Les trois sont vêtus de bermudas et de chemises à motifs floraux. Ils ont les cheveux et les yeux noirs et le teint mat. Leur mère tend les bras vers nous.

—*Aloha! Welcome to Maui.*

Puis à mon intention:

—*My name is Leilani and I'm so happy to meet you*[3]*!*

---

2. — Papa!
3. — Bonjour! Bienvenue à Maui.
— Mon nom est Leilani et je suis très heureuse de te rencontrer!

La jeune femme est d'une grande beauté. Son épaisse chevelure descend jusqu'au bas de son dos et elle porte une fleur blanche derrière l'oreille gauche. Eva a les larmes aux yeux en étreignant sa belle-sœur, alors je suis émue aussi.

À l'invitation de leur maman, les petits laissent un peu leur père pour venir nous faire des câlins. L'aîné des garçons a environ sept ans et il s'appelle Kai. Sa cadette se nomme Keikilani et elle a six ans. Quant au benjamin, Keoni, il a cinq ans et ouvre des yeux tellement grands pour nous dévisager avec curiosité qu'on ne voit rien d'autre dans son visage.

— Comme tu es beau, mon poussinot ! Tu avais à peine une semaine lorsque nous avons fait connaissance, dit Eva en le soulevant dans ses bras pour l'asseoir sur sa hanche droite.

Au cou de la maman et des trois enfants, il y a un pendentif identique à celui porté par Manolo. Le masque doit avoir une signification toute particulière, pensé-je.

Leilani nous emmène dans le stationnement, en direction d'une fourgonnette bleue. Chemin faisant, la fillette glisse sa main dans la mienne. Je craque complètement ! Il a de la chance, Gino. J'aurais tant voulu avoir des frères et sœurs, un oncle, une tante et des cousins ! 😍

20 H

En voiture, je ne tarde pas à dodeliner de la tête. Je n'en peux plus ! Ravis de faire enfin la connaissance de leur cousin du Canada, les enfants n'entendent pas nous donner le moindre répit, réclamant sans cesse notre attention. S'exprimant dans un mélange d'anglais et d'hawaiien, ils ne se laissent surtout pas décourager par la barrière de la langue. Heureusement, nous ne tardons pas à arriver à destination. Toute la famille nous aide à sortir nos bagages en nous souhaitant à nouveau la bienvenue sur le pas de la porte d'entrée. La maison a l'air cool, mais mes paupières sont si lourdes que je remarque à peine à quel point c'est joli.

21 H

Après un rapide souper froid, la tante de Gino m'invite à m'installer dans la chambre de Keikilani. À côté du lit simple en bois blond, on a disposé un petit matelas sur le sol. La petite s'y jette à pieds joints, bien décidée à jouer un moment avec moi. Pas de chance ! Le *lei* toujours autour de mon cou, je tombe dans un profond sommeil avant même que ma tête ne touche... Zzzzzzz.

Jeudi 15 août

Je suis réveillée par le chant des oiseaux. Un son si joyeux et mélodieux que je saute d'un bond sur mes pieds pour courir à la fenêtre ouverte. Sortant la tête en levant les yeux au ciel, j'aperçois une demi-douzaine de petits perroquets verts perchés sur le toit de la maison. Je souris. Ils s'envolent.

Je rentre la tête et regarde autour de moi. Le matelas posé à côté du lit est vide. Il faudrait que je trouve le moyen de me connecter à FaceTime pour appeler maman, pensé-je. Je me suis endormie avant d'avoir eu le temps de le faire hier soir et je suis persuadée qu'elle se morfond d'inquiétude. La pauvre ! Mais, pour l'heure, il me tarde surtout de retrouver Gino. Ces vacances avec lui, ici, sans ma mère pour nous chaperonner, sont décidément trop l'fun ! ☺

Sans prendre le temps de m'habiller, je pars en exploration. La maison est chaleureuse et respire la joie de vivre et l'affection que les membres de la famille se portent les uns aux autres. Les murs blancs sont abondamment ornés de photographies. Le plancher est en bois blond et les meubles sont pour la plupart en rotin ou en teck. Le sofa du salon est couvert de jolis coussins multicolores. Au centre de la pièce, sur la table à café, un grand vase a été rempli de fleurs magnifiques (des oiseaux du paradis, je pense). Enfin, je remarque que l'entrée est encombrée de gougounes de plages, de planches de surf, de palmes, de masques et de tubas.

Pas de trace des enfants. Je trouve Eva qui s'affaire dans la cuisine. Hum, ça sent bon !

À l'horloge, je découvre qu'il est neuf heures. 😮 J'ai dormi près de douze heures !

—Ah, te voilà, ma belle ! Tu as bien récupéré ?

—Oui, merci ! Où est passé tout le monde ?

—Leilani et Manolo sont allés travailler et les enfants sont à leur camp de jour. On ira les chercher tout à l'heure.

—Et Gino ?

—Il est en train de prendre son petit-déjeuner dans le jardin. Tu veux aller le rejoindre ?

Je hoche la tête en souriant.

—Il faudrait que j'appelle ma mère avant.

—Je me suis permis de la contacter hier soir, alors que tu dormais. Elle te sait en sécurité, ne t'inquiète pas. Je lui ai dit que tu l'appellerais ce soir, lorsqu'elle sera rentrée du boulot. Va ! Je t'apporte une assiette dans une minute.

Je sors dans le jardin.

— Salut.

Mon ami est assis sous une jolie pergola où poussent en abondance du jasmin et des fleurs d'hibiscus. Une gigantesque assiette est posée devant lui.

Il se lève à mon arrivée. Il a l'air frais et dispos et il est toujours aussi beau !

— Jules ! Te voilà enfin ! Tu as bien dormi ?

— Oui, mais tu aurais dû venir me réveiller ! On t'a installé où ?

— Tu semblais tellement fatiguée hier soir que maman m'a recommandé de te laisser récupérer ce matin. J'ai dormi dans le lit du plus jeune de mes cousins. Ses parents l'ont pris avec eux. Qu'est-ce que tu as au milieu de la figure ?

— Hein ?

Sans comprendre, je porte la main à mon visage.

— Qu'est-ce qu'elle a, ma figure ?

— Tu as la mine aussi fatiguée qu'hier soir et la trace de ton oreiller imprimée sur la joue.

Il rit.

Ne sachant trop que répondre à ça, je hausse les épaules en rougissant. J'aurais peut-être dû jeter un œil au miroir de la salle de bain avant de venir le rejoindre. J'avoue que ça ne m'a même pas traversé l'esprit. Il faut dire qu'il est rare que je retrouve Gino au saut du lit... Il faudra peut-être que je me donne plus de mal demain matin ! (T'en penses quoi, toi ?)

Pour me donner une contenance, je porte mon attention sur le contenu de l'assiette de Gino et écarquille les yeux de surprise : du riz, du bœuf haché, un œuf au plat et de la sauce brune...

— Tu manges quoi, exactement ?

Eva fait son apparition, une seconde assiette à la main.

— Ça s'appelle un *Loco Moco* et c'est un plat typique d'Hawaii ! J'ai aidé Leilani à le préparer pour Manolo et les enfants ce matin. Il ne restait plus qu'à faire cuire vos œufs, à toi et Gino. Tu as faim ?

Elle a l'air si contente que je n'ose faire la moindre remarque. (Mais du bœuf haché au petit-déjeuner, c'est quand même *weird*, non ? En tout cas, ça fait changement des céréales sucrées. Et tant qu'à y être, je n'aurais pas refusé des spaghettis ! 😂)

— Je meurs de faim, oui.

— Alors, assieds-toi et mange !

9 H 30

L'étonnement dissipé, je dois avouer que c'est plutôt pas mal, le *Loco Moco*. De toute façon, j'avais si faim que j'aurais facilement pu dévorer un dinosaure entier !

— On… ait… uoi a…ès ? demandé-je à Gino.

— Que dis-tu ? On ne comprend pas grand-chose quand tu parles la bouche pleine.

Je déglutis et poursuis :

— On fait quoi après ?

Il éclate à nouveau de rire.

— Tu es si gloutonne que j'ai parfois l'impression que tu ne prends même pas le temps de mastiquer avant d'avaler. Nous devons aller chercher mes cousins au Kihei Canoe Club à quatorze heures trente.

Non mais, qu'est-ce qui lui prend ce matin, à Gino ? Il me cherche ou quoi ? 😐 Faisant mine de ne pas avoir entendu sa remarque blessante, je demande :

— Qu'est-ce que c'est exactement, ce "kikicano club" ?

— Une école de canoë hawaiien. Kihei est le nom de la municipalité. Le Kihei Canoe Club est un genre de camp de vacances, si tu veux. Ce sera l'occasion de voir la plage. Nous pourrions même nous baigner en les attendant.

— Cool ! ☺

10 H 30

Nos petits-déjeuners avalés, nous aidons Eva à ranger la cuisine avant d'aller nous préparer. J'enfile en hâte un short et un t-shirt et rassemble ma chevelure en une pratique queue de cheval. Dans un sac à dos, j'emporte le strict nécessaire pour la plage : mon maillot, un chapeau, ma crème solaire, mon iPod et une serviette de bain. Je voudrais déjà y être ! Gino et moi, les palmiers, la plage, ça va être SUPER romantique !

— Vous êtes prêts, les enfants ?

— Ouiiii ! répondons-nous en chœur.

Sur le trottoir, je me demande si Gino va me prendre la main. Ce n'est pas comme si sa mère ignorait que je suis sa copine. Il va le faire. Sûrement !

10 H 45

À ma grande déception, il ne le fait pas. Sans doute par timidité. (Soupir !) Du moins, je pense... J'ai beau laisser traîner ma main, il ne m'effleure même pas le bout des doigts. Patience, ma grande, patience. Ça viendra certainement, pensé-je.

Avant de quitter la maison, ce matin, Manolo nous a laissé un plan du quartier, dessiné à la main. Leur bungalow est situé dans un quartier de classe moyenne, en plein cœur de Kihei. Les habitants du voisinage sont essentiellement des Hawaiiens d'origine et le quartier a l'avantage d'être situé à deux pas d'une plage nommée Sugar Beach et longeant l'artère principale, Kihei Road.

Tout un côté de la rue est envahi par les visiteurs. Ils ont des serviettes de bain autour du cou, des lunettes de soleil sur le nez et des gougounes aux pieds. L'ambiance est décontractée, mais il y a foule !

Gino, qui a lu tout ce qu'il a pu trouver sur Hawaii et Maui, m'apprend qu'il y a trente ans à peine, cet endroit était encore quasi sauvage.

— Aujourd'hui, Kihei est la plus populaire des stations balnéaires de l'île.

— Ah bon !

Autour de nous, les hôtels, appartements, restaurants et petites boutiques s'entassent un peu en désordre.

— Le tourisme est en pleine expansion et Manolo dit que les commerces ont poussé comme des champignons depuis qu'il s'est installé ici, ajoute Eva.

Ce côté-ci de la rue n'a pas le charme sauvage auquel je m'attendais, je dois le dire, mais l'endroit ne manque pas d'animation.

L'autre côté, par contre, ressemble déjà pas mal plus à l'idée que je me fais du paradis terrestre : une immense plage de sable doré qui s'étend à perte de vue.

— Wow ! On traverse ?

— On est ici pour ça ! acquiesce Eva.

11 H 30

Pas de doute possible sur l'origine du nom de cette plage ! La texture et la couleur de la longue bande de sable rappellent exactement… le sucre brun. Je n'en ai jamais vu d'aussi appétissante ! ☺ De plus, à ma grande surprise, il y a peu de monde. Comme si la majorité des touristes s'étaient donné le mot pour aller luncher ou faire la sieste.

La vérité, c'est que la plage est assez longue et large pour que personne ne s'y sente à l'étroit. Je laisse mon regard errer sur la mer. Trois teintes de bleu s'y entremêlent, allant du marine le plus foncé au turquoise clair, presque vert. Au loin, nous apercevons des embarcations de couleurs vives.

— Il s'agit sans doute des jeunes de l'école de canoë, suppose Eva, une main en visière au-dessus des yeux pour scruter l'horizon. Tu peux apercevoir tes cousins, Gino ?

— Malheureusement pas.

Cela ne l'empêche pas d'agiter énergiquement les bras pour faire de grands signes joyeux en direction des passagers des embarcations. Il a l'air tellement heureux et dans son élément, mon Gino, que c'est un bonheur de l'observer.

— Nous avons largement le temps de profiter de la plage en attendant, dit Eva. On s'installe ici ?

Au contraire de ce que j'avais imaginé, les palmiers sont plutôt rares, ou ils sont si hauts qu'ils ne donnent pas vraiment d'ombre. Mais près de nous, il y a une longue rangée d'arbres d'une espèce qui m'est parfaitement inconnue et dont les branches portent des feuilles qui rappellent un peu celles des fougères.

— Pourquoi pas à l'ombre de cet arbre ? suggéré-je en pointant celui qui me semble offrir la meilleure protection pour trois personnes.

— Le dernier à l'eau est une poule mouillée ! répond mon ami en laissant prestement tomber sa serviette sur le sable.

Je retire mes chaussures de plage.

— Attends un peu et je te montrerai qui est une poule mouillée ! Aïe !

J'ai poussé un cri de douleur parce que j'ai soudain senti quelque chose s'enfoncer dans la plante de mon pied droit.

— Qu'est-ce que tu as ? s'étonne Gino.

— Mon pied ! J'ai marché sur un truc...

— Laisse-moi regarder, intervient Eva en s'agenouillant.

À ma grande surprise, il y a un bout de branche couvert d'épines de deux centimètres de long (minimum) sous mon pied. L'une de ces épines a pénétré dans ma chair tendre. ☹

Eva lève les yeux et pointe le doigt vers les branches de l'arbre au-dessus de nous en hochant la tête.

— Cet arbre est un *kiawe*. Regardez, il y a des épines au travers du feuillage. Mieux vaut faire attention où vous mettez les pieds, les enfants, parce que le sol est probablement jonché de bouts de ces branches mortes. On a une espèce similaire en Argentine. Certaines variétés ont des épines plus longues encore, c'est-à-dire capables de traverser les semelles d'une chaussure.

D'une main leste, elle tire sur la branche et un peu de sang se met à couler. Pauvre de mooouaaa ! ☹

— Aïe ! répété-je, espérant un bisou de la part de mon ami.

— L'eau de mer va désinfecter ton bobo. Allez, viens, petite nature !

— Petite nature toi-même ! Je serai à l'eau avant toi, réponds-je en me précipitant sans attendre.

12 H

J'adore me baigner dans la mer. En avoir souvent l'occasion est l'aspect de la vie de globe-trotteuse qui me plaît le plus. Mais cette fois-ci est tout à fait spéciale, puisque Gino est là, avec moi. (Enfin, dans les circonstances, je crois qu'il serait plus juste de dire que c'est moi qui suis avec lui, mais peu importe, puisque tu as certainement compris l'idée générale.)

J'ai l'impression d'avoir attendu ce moment tellement longtemps ! C'est génial de réaliser ses rêves !

Ceci dit, ça ne se déroule pas exactement comme je l'imaginais. 😐 On dirait que Gino est… distant. (Je me trompe, d'après toi ?) Il aurait sans doute été préférable que sa mère ne nous accompagne pas à la plage ce matin, mais c'était le prix à payer pour pouvoir venir. Soupir ! Y'a jamais rien de parfait ! J'aurais peut-être dû m'acheter un nouveau maillot pour impressionner Gino. (T'en penses quoi ?)

Naaoon, tu as raison. Ça n'a certainement rien à voir ! Et puis, on vient d'arriver, alors il est trop tôt pour juger… Le fait est que je sais parfaitement que mon ami m'apprécie et que ce qui fait qu'il m'a choisie comme copine n'a rien à voir avec l'allure de mon maillot de bain ! Alors, je refuse de me laisser distraire une minute de plus par ce type de stupidités. Voilà !

14 H

Après nous être amusés un bon moment, nous voyons revenir les embarcations que nous avons aperçues au large, tout à l'heure. La première chose que je remarque, c'est que celles-ci sont très différentes des canoës québécois traditionnels que je connais, et pas seulement parce que la coque de bois est peinte en rose fuchsia et décorée de dessins représentant des *lei* colorés.

— C'est quoi le truc en bois qui flotte sur le côté des canoës ? demandé-je.

— Ce sont en fait des pirogues à balancier ou *wa'apea*, répond Gino (qui a décidément réponse à tout). C'est une embarcation typique de la Polynésie. La coque principale est la plupart du temps creusée dans le tronc d'un seul arbre et le truc sur le côté, comme tu dis, c'est le balancier, c'est-à-dire une sorte de flotteur. Avec les vagues qu'il y a par ici, ça sert à assurer la stabilité de l'embarcation.

— Oh !

À bord, des enfants pas plus grands que trois pommes rament avec énergie pour revenir vers le rivage. Je suis impressionnée par leur synchronisme. Quel magnifique travail d'équipe !

14 H 15

Une fois sur le rivage, les petits sautent à terre tous en même temps et se mettent à tirer d'un même corps pour ramener les pirogues sur la plage où attendent plusieurs parents. Je reconnais Kai, Keikilani et Keoni qui ne tardent pas à nous repérer aussi. Les voilà déjà qui accourent joyeusement dans notre direction.

Trop contents de voir que nous les attendions, ils refusent catégoriquement de rentrer immédiatement et insistent pour se baigner avec nous. Eva ne se fait pas trop prier pour accepter. Elle est plutôt cool, la mère de Gino, mais je n'arrive décidément pas à passer la moindre minute seule avec mon petit ami... Oh ! et puis il a tellement de plaisir avec ses cousins, autant me réjouir pour lui ! Il les prend sur son dos, les taquine, les lance à l'eau et les rattrape. Même Keikilani semble s'intéresser plus à lui qu'à moi. Il est vrai que je ne suis pas un membre de cette famille. Je ne suis que la « blonde » de Gino. C'est-à-dire personne, finalement...

Bon ben, je pense que je vais aller rejoindre Eva sur le rivage. Je m'ennuie soudainement un tout petit peu de ma mère ! ☹

15 H 30

La tante de Gino travaille à la réception d'un grand hôtel et termine sa journée autour de quatorze heures, juste à temps pour aller chercher les enfants. En rentrant au bungalow, nous la trouvons installée devant la télé de la cuisine, un pli soucieux lui barrant le front. Se méprenant sur l'origine de l'air sombre de sa belle-sœur, Eva s'excuse d'avoir tardé à rentrer. À notre grande surprise, la jeune femme secoue la tête avant de pointer l'écran du doigt.

—*It seems that there is a problem on Big Island with the volcano.*

—*Something bad happened?* interroge Eva.

—*Not yet*, répond Leilani, *but it could*[1].

Le bulletin télévisé ne m'intéressant que très moyennement, je me précipite dans la chambre pour appeler ma mère. Il est vingt et une heures trente à Québec.

Moi : Mamaaan ?

Maman : Julieeette ! Ma pitchounette ! Enfin ! Tu vas bien ?

Moi (un peu refroidie par le surnom en "ette" 😒) : Je vais bien, m'man, mais combien de fois devrai-je te dire que je préfère que tu m'appelles Jules plutôt que d'utiliser tous ces surnoms qui riment avec mauviette, débarbouillette et bobette ?

1. — Il semble y avoir un problème sur Big Island avec l'un des volcans.
— Quelque chose de grave est arrivé ?
— Pas encore, mais ça pourrait venir.

Maman (l'air surpris) : Tu as ton air sombre des mauvais jours. Tout le monde est gentil avec toi ? Eva, Leilani, Manolo, Gino ?
Moi (baissant piteusement les yeux) : C'est Gino le problème, je crois.
Maman : Que se passe-t-il ?

Là, j'hésite avant de répondre. Dois-je élaborer au sujet de mes craintes à propos du manque apparent d'attention de Gino ? (Tu en penses quoi, toi ?) En général, mieux vaut éviter de trop en dire à sa mère, je crois. D'un autre côté, elle s'est souvent montrée de bon conseil, alors je ne sais pas trop...

Moi : On dirait que je n'existe pas depuis que nous sommes ici. Il n'a d'yeux que pour sa famille et j'ai l'impression qu'il m'ignore.
Maman (perplexe) : Tu n'exagères pas un peu ?
Moi (sentant la moutarde me monter au nez) : Puisque je te le dis !
Maman : Je n'aurais pas dû te laisser partir sans moi. Je te manque, c'est ça ?
Moi : Un peu, mais le problème est plutôt du côté de Gino, je t'assure.
Maman (perspicace) : Laisse-moi deviner... Il agit différemment avec toi maintenant que

vous êtes en famille, et pas comme à l'école quand vous êtes entourés de vos copains, c'est cela ?
Moi (étonnée) : Comment as-tu deviné ?
Maman : J'ai déjà eu votre âge, figure-toi !

(Imaginer ma mère en adolescente, fin des années 1980, avec le toupet soufflé et du bleu sur les paupières ? 😐 Pas possible !)

Maman : Sois indulgente. Il est sans doute un peu intimidé. Et puis, il n'a pas souvent l'occasion de voir ses cousins tandis qu'il te voit tous les jours en classe. La famille est une valeur importante pour lui. C'est un bon garçon. Je suis certaine que les choses s'amélioreront lorsque vous aurez un moment seuls tous les deux et qu'il aura enfin l'occasion de te montrer à quel point il est content que tu sois là.
Moi : D'une certaine façon, je l'envie. Ça a l'air vraiment cool de pouvoir compter sur une grande famille.
Maman : Tu comptes plus que tout pour moi, choupinette. Le sais-tu ?
Moi (soupirant d'exaspération) : Bien sûr, maman. Allez, on se parle plus tard ! Bisous !

Je n'ai pas réussi à lui faire comprendre que, cette fois, j'aimerais bien compter pour quelqu'un d'autre que ma maman…

16 H 30

De retour dans la cuisine, je constate que tout le monde est décidément captivé par la télé.

—Il y a du nouveau ?

—Toujours le Kilauea, répond Gino. Il déroge, semble-t-il, à son scénario habituel.

—Ne disais-tu pas qu'il n'y avait pas de souci à se faire ?

—Il n'y en a toujours pas, apparemment, mais les abords d'un village ont été inondés par une coulée de lave cet après-midi et oncle Manolo a été appelé à se rendre sur place pour constater les dégâts de visu. Il a averti ma tante autour de midi en lui recommandant de ne pas l'attendre. Comme elle n'a pas eu de ses nouvelles depuis, on regarde ça à la télé.

—Oh ! 😮

Je me joins à eux pour suivre l'évolution de la situation. D'après ce que je comprends, il semblerait qu'une nouvelle fissure se soit ouverte sur le flanc du volcan et que de la lave ait été projetée près d'une zone habitée. Ce phénomène est nouveau puisque, d'habitude, la lave se contente de s'écouler tranquillement dans l'océan. Mais tout n'est pas clair. Il y a eu des précédents et la tradition orale hawaiienne témoigne de quelques incidents meurtriers, notamment au cours des XVIe, XVIIe, XVIIIe et XIXe siècles et même au début du XXe.

— Il y a eu des victimes aujourd'hui ? m'informé-je.

— Apparemment non, mais la lave s'est frayé un chemin jusqu'à la route menant à un village, coupant celle-ci en deux, répond Gino.

— Wow ! Il a fallu évacuer la population ?

— Je ne crois pas, mais il y a un risque que les gens de ce village se retrouvent coincés si la coulée persiste. Il faudrait alors effectivement évacuer d'urgence.

Pauvres eux ! Souhaitons que ça n'arrive pas, pensé-je.

En même temps, si l'on se fie à la tête de Leilani, il est bel et bien en train de se passer quelque chose. Cette histoire me semble aussi potentiellement excitante que terrifiante. Il ne faudrait cependant pas que ma mère en entende parler avant mon retour à la maison… (Si tu vois ce que je veux dire !)

18 H

L'oncle Manolo rentre finalement plus tôt que nous ne le pensions, une glacière sous le bras et un sourire éclatant aux lèvres. Les enfants se jettent tout naturellement sur lui. J'ai presque envie d'en faire autant…

— Qu'est-ce que c'est ? demande Eva, à propos de la glacière.

Elle n'en parle pas, mais je peux voir le soulagement qui s'affiche sur son visage…

— Je suis passé par le port et j'ai acheté de l'espadon frais à un pêcheur.

— Je n'en ai pas mangé depuis si longtemps ! Merci d'y avoir pensé, *hermano*[2]. Et ta journée, alors ? Il y a eu du grabuge du côté de Big Island, paraît-il ?

— Une fissure insignifiante et une coulée de lave minuscule. Rien de bien méchant même si, malheureusement, il faudra déplacer quelques familles. C'est surtout la fumée qui a incommodé les habitants des alentours. Le vent soufflait dans le mauvais sens et j'ai dû transporter des personnes à l'hôpital afin qu'elles reçoivent de l'oxygène. Un incident isolé, je crois. J'ai survolé le coin tout l'après-midi, sans constater d'autre problème.

---

2. Frère, en espagnol.

— Mais, à la télé, ils ont dit…

Il hausse les épaules.

— Les journalistes ont tendance à s'exciter pour un rien dans le seul et unique but d'obtenir plus de temps d'antenne. Les dégâts sont mineurs et il n'y a pas le moindre signe que la situation puisse se dégrader.

Le visage de Leilani se veut impassible, mais son manque de naturel laisse deviner qu'il s'agit d'une façade et qu'elle n'est pas d'accord avec son mari.

— Je ne pense vraiment pas que ce bon vieux Kilauea soit une menace, poursuit-il. L'incident d'aujourd'hui était mineur. Plus de peur que de mal.

— Souhaitons-le ! J'ai un mauvais pressentiment depuis quelques jours, le coupe-t-elle. La déesse est en colère parce que les gens ne prennent pas suffisamment soin de la terre qu'elle nous a donnée, et ce, depuis bien trop longtemps.

— Superstitions et sornettes ! Tu ne crois quand même pas à tout cela ? murmure Manolo.

La tante de Gino a une étrange réponse :

— C'est lorsque tu débites ce genre de sottises que l'on constate que tu n'es pas né ici, *my love*. Si mes parents t'entendaient, ils seraient scandalisés ! C'est toute la base de la civilisation hawaiienne que tu remets en question. Ignorer le mécontentement de Pélé peut avoir des conséquences graves, mon amour.

Elle s'interrompt soudainement.

— Mais, où est passé ton tiki ?

Il porte la main à son cou. Son pendentif n'y est plus.

— Je ne me suis rendu compte de rien. Il a dû se rompre lorsque j'ai soulevé dans mes bras une adorable vieille dame âgée d'environ quatre-vingt-quinze ans. Elle se sera agrippée trop fortement à mes irrésistibles épaules.

La jeune femme ne semble pas trouver cela drôle. Elle a plutôt l'air catastrophée, en fait, et je crois même finalement apercevoir une lueur d'affolement au fond de ses yeux.

— Je n'aime pas cela.

Il éclate d'un rire insouciant.

— Vas-tu cesser de t'inquiéter ? J'irai en acheter un autre ce week-end et tout ira bien.

Leilani ne semble pas convaincue, mais elle n'ajoute plus rien, se contentant de prendre le poisson d'un air sombre avant de tourner les talons.

18 H 30

Eva et Leilani préparent ensemble le souper et ont refusé mon aide. Quant à Gino et Manolo, ils ont délaissé le téléjournal et regardent un match de football. Grrr ! Ce n'est pas tout à fait de cette façon que j'imaginais une soirée entre amoureux à Hawaii. Ça commence à bien faire ! 😑 J'aimerais protester, mais comme je ne suis pas de la famille, je n'ose pas. (Avoue que Gino est plate ! Il devrait plutôt s'occuper de moi, non ? On n'a même pas échangé le moindre petit baiser de rien du tout depuis notre départ de Québec... Soupir. Oh, et puis, bof ! Tant pis pour lui.)

Me faisant une raison, je me dis que je vais en profiter pour m'isoler dans un coin et appeler Gina pour lui raconter comment ça se passe lorsqu'une dispute éclate entre Kai, Keikilani et Keoni. Les deux cadets ont chipé quelque chose à leur aîné. Oups ! C'est un livre d'images et la fillette vient d'en arracher la couverture. Les larmes aux yeux, Kai la somme de lui rendre les deux morceaux, mais la petite s'entête et tend plutôt le livre à Keoni. À court d'arguments, l'aîné éclate en sanglots.

Je reste muette de surprise. Ce garçon est si doux qu'il préfère se mettre à pleurer plutôt que de reprendre, par la force, ce qui lui appartient.

Apparemment trop absorbé par le match, Manolo ne s'en mêle pas.

Maintenant, Keoni se met en colère lorsque Keikilani tente de lui reprendre l'album. Avec rage, il le jette par terre et le piétine avec conviction. Tandis que Kai pleure toujours, Keikilani saute sur son petit frère en poussant des cris aigus. Aïe, aïe, aïe! Ce n'est pas beau à voir... 😮

18 H 40

Leur mère fait irruption dans la pièce et se met à gronder les enfants en hawaiien. Elle parle vite et fort. Les trois petits baissent la tête, honteux. Mais Leilani est hors d'elle et continue de parler. On dirait qu'elle leur raconte quelque chose. Les trois enfants se mettent à pleurer. J'en viens à me demander si la réaction de la jeune femme n'est pas exagérée. Après tout, n'est-il pas normal que des frères et une sœur se chicanent? Son sermon terminé, la voix de la maman se radoucit. Elle semble leur donner des instructions, mais avec tendresse, cette fois-ci. Puis elle s'empare du livre et de la couverture arrachée et quitte la pièce.

À ma grande surprise, voilà que les trois enfants s'enlacent et disent en chœur: « *Aloha* » en se donnant à chacun d'abord un câlin, et ensuite un bisou sur la joue droite. Mon cœur fond comme un *popsicle* au soleil. 😍

Gino, qui a assisté en silence à toute la scène, finit par demander à son oncle :

— Il vient de se passer quoi, au juste ?

— *Aloha* est la réponse à tous les problèmes, répond celui-ci, toujours distrait par la télé.

— Je pensais que ce mot signifiait simplement bonjour, m'étonné-je.

— Oui, mais ça veut dire beaucoup plus encore.

L'oncle de Gino se tourne enfin vers nous et se gratte maintenant le crâne, comme si je soulevais une question beaucoup moins banale qu'il n'y paraît.

— Il s'agit d'une philosophie plutôt que d'un simple mot. *Aloha* est une façon de vivre. Au sens large, il exprime le respect et l'amour inconditionnel. Un sentiment qui n'attend rien en retour, qui unit les membres d'une même famille ou qui permet d'accueillir des étrangers. Dans cet état d'esprit, il ne peut y avoir de disputes puisqu'il n'y a pas de jugement. On dit par ici que l'amour est le plus grand cadeau qui soit, qu'il est la réponse à tout. *Aloha* égale amour.

— Wow !

Je suis béate d'admiration. Battant des cils, je me tourne vers Gino :

— Comme c'est beau !

Malheureusement, mon petit ami est pas mal plus terre à terre que moi. Perplexe, il insiste :

— Je comprends, mais ma tante, qu'est-ce qu'elle leur a dit à mes cousins avant de leur parler d'amour et de leur ordonner de se réconcilier ? Les petits avaient l'air terrorisés.

— Oh ! Ça…

Manolo secoue la tête, l'air de ne pas prendre la chose au sérieux. Il prend cependant le temps de baisser le volume de la télé pour expliquer :

— Elle leur a rappelé que la déesse Pélé les observe et leur a aussi parlé de la malédiction qui risquait de s'abattre sur notre famille si les enfants ne cessaient pas immédiatement leur dispute.

— HEIN ? fais-je. 😲

Jetant un regard inquiet vers la télé comme s'il risquait de manquer le but du siècle, Manolo nous donne une explication rapide :

— Pélé est la déesse hawaiienne du feu et des volcans. Vous avez dû en entendre parler, non ?

— Un peu… répond Gino. C'est quoi exactement, cette histoire de malédiction ?

— Selon la légende, Pélé est née à Tahiti où elle vivait avec six sœurs, sept frères, son père, Kuwaha-ilo, le créateur de la terre, du ciel et du paradis, et sa mère, Hauméa.

— Et puis ?

— Eh bien, toujours selon la mythologie, cette charmante déesse et sa sœur aînée, Nāmaka, la déesse de l'eau, se disputaient constamment. On dit qu'un jour, l'aînée aurait même détruit la maison de sa cadette avec de grandes vagues et une inondation.

— Oh ! laissé-je échapper.

Je me rappelle avoir effectivement entendu dire que la plupart des civilisations ont commencé par expliquer les caprices de « dame nature » en attribuant les catastrophes naturelles à des dieux vengeurs…

— Une autre fois, après un affrontement particulièrement violent avec Nāmaka, Pélé, cinq de ses frères et la benjamine, la petite Hi'iaka, déesse du *hula*, se sont retrouvés loin au large alors qu'ils étaient tous en balade dans une embarcation. La tempête provoquée par Nāmaka a été telle qu'ils ont dérivé à des milliers de kilomètres de chez eux, jusqu'ici, à Hawaii, où ils se sont installés. C'est ainsi qu'est né le peuple hawaiien. Vous comprenez ?

— Hum, fait Gino, perplexe. Mais quel est exactement le lien entre cette légende et la chicane des petits ?

— Leilani est très superstitieuse. Elle a expliqué aux enfants que s'ils continuaient à se quereller de la sorte, ils risquaient de provoquer la séparation de notre famille de la même façon que cela s'est produit pour celle de Pélé et Nāmaka.

Non mais, quelle horreur ! Je comprends maintenant pourquoi les enfants avaient l'air si piteux. 😮

Sans autre cérémonie, Manolo remonte le son de la télé et reporte son attention sur le match. Gino en fait d'ailleurs autant. Grrrr ! Ne me reste qu'à retourner ouvrir ma tablette…

19 H

Les enfants étant dans la cuisine avec Eva et Leilani, je suis à nouveau seule dans la chambre de Keikilani. Il est une heure du matin à Québec. Je présume que Gina dort… Si c'est le cas, elle a sans doute sa tablette sous l'oreiller. Après deux sonneries, elle prend mon appel sur FaceTime.

Gina (bâillant) : Et puis ? Avec Gino, ça se passe comment ?
Moi : Hum. Ça va. Du moins, je crois…
Gina (surprise) : T'as pas l'air certaine ! Ça ne va pas ?
Moi : Ben, il faut dire qu'avec sa mère dans les parages, c'est quand même un petit

peu plus compliqué que je ne l'avais imaginé...

Gina (compatissante) : Je vois. Il fait attention à toi, quand même ?

Moi (hésitante) : Il est encore tôt pour le dire, en fait. On vient d'arriver.

Gina : Mais il t'a embrassée quand elle a eu le dos tourné ?

Moi (gênée) : Hum... Pas encore. Par contre, il s'est moqué de moi, ce matin, lorsque je l'ai retrouvé au petit-déjeuner.

Gina : Comment ça ?

Moi : J'étais encore en pyjama et, d'après lui, j'avais les plis de l'oreiller imprimés dans la figure.

Gina (horrifiée) : Quooooiii ? Tu veux dire que tu es allée le retrouver dans ton vieux pyjama, alors que tu n'étais ni douchée ni coiffée ?

Moi : C'est important ? Parce qu'il y a pire. Il m'a reproché de parler la bouche pleine et de ne pas mastiquer suffisamment avant d'avaler...

Gina (les yeux en train de lui sortir de la tête) : Ma pauvre Jules ! En matière de relation amoureuse, il y a des règles très strictes à respecter. En particulier au début. Tu devrais le savoir !

Moi : Des règles ? Quelles règles ?

Gina (soupirant) : Ben, s'il faut tout t'expliquer…

Moi : Ne te fais pas prier, aide-moi, s'il te plaît !

Gina : D'accord. Pour commencer, il ne faut JAMAIS te présenter devant lui sans d'abord jeter un œil à un miroir pour t'assurer que tu es présentable.

Moi : Ouais, après ce qui s'est passé ce matin, je ne risque pas de l'oublier, crois-moi.

Gina : Il faut aussi t'assurer d'avoir l'haleine fraîche et de ne jamais parler la bouche pleine. Tu avais brossé tes dents, au moins ?

Moi : Avant le petit-déjeuner ? Bien sûr que non !

Gina (autoritaire) : Écoute, Jules, je suis ton amie et je t'aime telle que tu es. Ça, tu le sais. Mais si tu veux que ça colle pour de bon entre Gino et toi, il va quand même falloir que tu fasses de petits efforts.

Moi (ultra perplexe) : Es-tu vraiment en train de me dire qu'il va falloir que j'use de ruse ?

Gina (un brin vexée) : Je suis en train de te donner des conseils, si tu n'en veux pas, tu n'as qu'à le dire !

Je ne sais trop que penser. J'ai toujours cru que lorsque l'on rencontre enfin LE garçon, celui qui correspond à ce que nous sommes et qui nous est destiné, il n'y a aucun effort à faire pour être bien avec lui. (Toi, qu'en dis-tu ?)

Moi : Ne te fâche pas. Pourquoi faudrait-il que je fasse quelque chose de spécial pour qu'il me prenne enfin la main ou qu'il m'embrasse ?

Gina (fronçant les sourcils): S'il ne le fait pas spontanément, c'est qu'il y a anguille sous roche. Dans ce cas, il faut agir. Crois-moi.

Moi: Que veux-tu dire?

Gina: Qu'il faudra peut-être que tu fasses les premiers pas. Écoute, il te faut un plan, c'est évident.

Moi: Un plan?

Gina: Absolument! Tout d'abord, demain matin, débarrasse-toi vite de ton pyjama avec les nounours imprimés dessus. Il est informe et démodé.

Moi: Hum. Tu as sans doute raison. Il est usé aux genoux, en plus…

Gina: Demande-lui de te passer un de ses t-shirts, tiens, et brosse-toi les dents avant de le retrouver le matin.

Moi: Avoir mauvaise haleine, c'est effectivement pas *chill*.

Gina: Dis-toi que les miroirs sont dorénavant tes meilleurs amis. Assure-toi d'être toujours présentable. Replace ou noue tes cheveux, mets un peu de mascara et pince-toi les joues.

Moi (ahurie): Me pincer les joues? Mais pourquoi?

Gina: J'ai lu ça dans un livre de trucs et recettes de beauté. Ça rend les joues roses et ça donne bonne mine.
Moi: Ah bon! Et ensuite?
Gina (hésitante): Ensuite... je ne sais plus. Laisse-moi relire le dico des filles en me levant demain matin. Je te reviens là-dessus dès que possible. D'accord?
Moi: D'accord! À demain.
Gina: À demain. Et ne parle surtout plus la bouche pleine d'ici là!

19 H 30

À la nuit tombée, nous soupons sous la pergola illuminée par une guirlande de jolies ampoules suspendues. Comme dans les films! C'est la première fois que je mange de l'espadon et, même si je préfère sans doute les spaghettis, je dois avouer que je trouve le repas délicieux, d'autant plus que Manolo l'a fait cuire sur le barbecue. Leilani et Eva ont fait mariner le poisson dans du jus de lime et ont confectionné une super salade pour l'accompagner. Oh! et du riz pilaf, aussi. (Mais oui, encore du riz! LOL 😂)

Miam ! Tout est tellement meilleur lorsque l'on mange sous les étoiles. (Manger dehors, j'adore ! Et toi ?)

J'ai troqué mon short et mon t-shirt pour un legging bleu et une blouse blanche. Un peu stressée par les multiples recommandations de Gina, je mastique consciencieusement. Le hic, c'est que ça me donne un air un peu trop concentré.

— Tu es bien silencieuse, ce soir, fait remarquer Eva.

— Hum ? ...on, ...on, fais-je.

— Ça y est, tu parles encore la bouche pleine, avance Gino.

Grrrr ! 😑

Le souper avalé, l'oncle de Gino sort son ukulélé[3] et se met à chanter tandis que Leilani et les enfants commencent à danser.

Je suis abasourdie tant par la grâce de la tante de Gino que par l'adresse de la minuscule Keikilani et de ses petits frères.

Ils dansent le *hula*. (Tu sais, ce qu'on appelle traditionnellement la « danse hawaiienne » ?) Je voudrais tant être aussi belle que Leilani et aussi habile que la petite pour rouler des hanches !

---

3. Un instrument à cordes pincées qui ressemble à une petite guitare.

Ainsi, Gino ne pourrait plus me résister. Il serait déjà à genoux, là, m'implorant de l'excuser de s'être montré si peu galant avec moi !

On peut toujours rêver...

22 H 30

Keikilani s'est endormie à côté de moi et, en pensée, je me repasse en boucle le film de la journée. Quelle jolie famille que celle de Manolo et Leilani ! ☺

D'un autre côté, je suis complètement décontenancée par la tournure que semble prendre ma relation avec Gino. À Québec, nous sommes inséparables et tout se passe super bien, normalement ! Je veux dire, tout le monde à l'école a deviné que nous sommes ensemble, que nous sommes amoureux l'un de l'autre, quoi ! Du moins, il me semble...

Il m'a embrassée une fois ! C'était pour la Saint-Valentin[4]. (Tu penses que ça ne comptait pas ? C'est la fête des amoureux, quand même. Quoi ? Tu te demandes pourquoi il n'a jamais recommencé ? Ouais, moi aussi... ☹)

---

4. Voir *Juliette à Québec*.

Il faut dire que je ne passe pas tant de temps que ça avec lui à cause de cette manie de ma mère de me trimballer d'un pays à l'autre dès que j'ai trois jours de congé.

Jamais, avant aujourd'hui, je n'avais mesuré l'ampleur de la différence entre la relation dont je rêve et celle que j'ai !

Gino est d'abord mon meilleur ami, au même titre que Gina. Le problème viendrait-il du fait que j'ai doucement glissé vers un sentiment plus… tendre et romantique alors que Gino ne le souhaitait pas ? Je l'aime tant, mon Gino ! Jusqu'à présent, je n'avais jamais douté que ce soit réciproque. Ce voyage est l'occasion ou jamais d'en avoir le cœur net !

Je glisse dans un sommeil agité et je rêve que Gino et moi, nous nous disputons au sujet d'un jeu vidéo que je lui ai pris et qu'il veut me reprendre. Enragée, je m'apprête à jeter le jeu par terre, dans le but de le piétiner, lorsque le Kilauea se réveille et déverse sur la maison un gigantesque et interminable flot de lave bouillonnante qui nous emporte au loin. Je suis furieuse et hurle à mon ami que tout est de sa faute et que s'il avait accepté de m'accorder plus d'attention qu'à son jeu idiot, rien de tout cela ne serait arrivé…

Vendredi 16 août

8 H

J'ouvre péniblement les yeux et ma première pensée est pour Gina. J'aimerais la contacter pour savoir si elle a de nouveaux conseils à mon intention, mais elle ne répond pas sur son FaceTime. Mauzusse de décalage horaire ! Et ces mautadines de perroquets qui piaillent tellement qu'il n'y a pas moyen de s'entendre penser ! 😠

Je suis sur le point de me lever du mauvais pied lorsque je me souviens que l'oncle de Gino nous a inscrits à un cours de surf aujourd'hui. J'ai failli oublier. Ça risque d'être cool quand même ! ☺

Je repousse la couverture et me précipite vers la salle de bain. Voyons voir ! Un rapide examen me confirme qu'il n'y a pas le moindre pli d'oreiller sur mes joues. Ça augure donc déjà mieux qu'hier !

Suivant à la lettre les précieux conseils de ma copine, je me lave soigneusement les dents et brosse mes cheveux avec vigueur avant de retourner dans la chambre pour enfiler mon maillot sous ma plus jolie robe de plage. J'hésite encore un moment devant le miroir au-dessus de la commode. Devrais-je vraiment mettre du mascara ? C'est ce que m'a recommandé Gina, mais est-ce approprié pour aller à la plage ? Ma raison me dit que non tandis que mon cœur chuchote qu'il vaut mieux mettre toutes les chances de mon côté.

— Va pour un peu de mascara sur mes cils du haut, alors ! dis-je à mon reflet.

De toute façon, c'est certainement waterproof, ce truc-là. Je l'ai piqué dans les affaires de maman. Voilà. J'envoie un bisou en direction du miroir. Je suis mignonne comme tout et c'est aujourd'hui que Gino va craquer, parole de Jules Bérubé !

8 H 30

Comme hier, Gino se lève à mon arrivée.

— Jules ! Tu as bien dormi ?

Il n'attend cependant pas ma réponse et se rassied pour replonger dans un jeu vidéo qu'il a téléchargé sur sa tablette. Apparemment, il est très occupé. Trop occupé même pour remarquer ma robe ou la longueur ahurissante de mes cils lorsqu'ils sont enduits de mascara. 😛 J'aurais peut-être dû me mettre du vernis à ongles… Ou opter pour une coiffure plus élaborée? (Qu'en penses-tu?) Ou pour de longs pendants d'oreilles? (Pour le surf, peut-être pas, hein?)

—Les enfants sont déjà partis pour le Canoe Club?

—Oui. Leilani les a amenés, mais mon oncle nous a attendus. Il a terminé tard hier soir alors il prend son temps ce matin.

Il y a à nouveau du riz pour le petit-déjeuner, mais il est surmonté cette fois d'œufs brouillés au jambon arrosés de salsa et accompagnés de tranches d'ananas. L'ananas, miam! C'est vraiment trop bon. Et j'ai toujours aimé les œufs brouillés de la mère de Gino, alors je dévore (en prenant bien soin de mastiquer avant d'avaler, oui. Merci).

Manolo vient nous rejoindre sur la terrasse au moment où nous terminons nos assiettes. Ouf! Je crois que j'ai trop mangé.

—Alors les amoureux, c'est aujourd'hui que l'on s'initie au surf?

Sans trop savoir pourquoi, je sens monter le feu à mon visage. Parce qu'il nous a appelés «les amoureux»?

—On a vraiment hâte, fait Gino en daignant enfin lever le nez de son jeu et en repoussant sa chaise.

— Toi aussi, Juliette ?

— Oui ! J'en rêve depuis que je suis toute petite !

Depuis que j'ai appris à nager, me semble-t-il. J'ai surtout vu des gens en faire dans des tas de films. Glisser sur les vagues en se tenant debout sur une planche, ça ne doit pas être trop difficile. Tout le monde peut s'initier à cette discipline, ai-je entendu dire ! J'ai même vu des photos de Keikilani sur les flots. Alors, imagine-moi !

— Allez chercher vos affaires et n'oubliez rien parce que je vous laisse pour la journée !

Voilà enfin l'occasion de passer du temps en couple avec Gino, pensé-je.

— J'arrive tout de suite !

Je prends mon sac à dos et fais un dernier arrêt aux toilettes pour faire pipi et m'assurer que rien ne cloche dans ma figure. Je n'aimerais pas qu'on me fasse remarquer que j'ai un morceau d'ananas coincé entre deux dents…

10 H

Dans l'entrée, il y a plusieurs types de planches. Manolo choisit pour nous deux très longues planches en mousse avec un nez arrondi.

— Prenez ça, les enfants !

Mais, juste à côté, il y a une magnifique petite planche en bois blond avec le nez en pointe.

— J'aurais préféré celle-là, fais-je.

— Non, la planche en bois est déconseillée aux débutants parce qu'elle peut occasionner des blessures en cas de chute. De plus, elle est trop courte pour toi.

— Justement. C'est mieux, non ?

Il me sourit avec indulgence.

— Il te faut au contraire une *longboard,* c'est-à-dire une planche qui fait le double de ta taille, crois-moi. Plus la planche est longue, plus il est facile de rester en équilibre et de glisser sur les vagues. Celle que je te propose sera parfaite. De plus, elle est munie d'un *leash*.

— Qu'est-ce que c'est, un "liche" ?

— Le *leash,* c'est ce cordon avec un bracelet de cheville à l'extrémité. Il te permet de ne pas être séparée de ta planche, en cas de chute.

— Ah bon !

— Les planches en mousse sont aussi moins lourdes que celles en fibre de verre ou en bois. Pour une fille, c'est un avantage, en rajoute Gino.

Grrr ! (Où diable est-il allé chercher que les filles sont moins fortes que les garçons ? Je vais lui en montrer, moi, du muscle. Il n'a qu'à bien se tenir, le Gino ! 😬)

— Bon, bon. On y va ?

Ma planche sous le bras, et mon sac sur le dos, je passe fièrement devant les gars pour sortir la première de la maison. Persuadée que Gino me regarde marcher, je fais exprès d'onduler légèrement des hanches, cherchant à produire un petit effet.

M'arrêtant près de la fourgonnette de Manolo, j'entends le rire de ce dernier. Je me retourne et ne vois rien de drôle, sinon une expression gênée sur le visage de Gino.

— Que se passe-t-il ?

— Euh, ta robe…

— Elle a quoi, ma robe ?

Elle est trop jolie et il est totalement ébahi, pensé-je.

— Tu es passée par les toilettes avant de sortir, non ? demande Manolo, toujours hilare.

Mais qu'est-ce qui lui prend ?

— Ben ouais. Pourquoi ?

Gino me rejoint avec une certaine précipitation.

— Hum, hum. Parce que le bas de ta robe est resté coincé dans ta culotte et qu'on voit ton derrière, murmure-t-il à mon oreille.

Incrédule, je porte la main à mes fesses. C'est pas vrai ! Oui ? Naooon !

OMG! Hélas, la réalité est bien cruelle ! L'ourlet est bel et bien resté coincé dans l'élastique de mon maillot de bain. ☹ Me composant le visage le plus digne possible, je remets vite les choses en ordre et me précipite sur le siège arrière, abandonnant à Manolo le soin de charger ma planche dans le coffre.

Une fois installé derrière le volant, et se tournant vers moi, Manolo avance doucement :

— Ce sont des choses qui arrivent à toutes les filles au moins une fois dans leur vie. C'est rien du tout. Tu n'as pas à être gênée, ma puce.

— …

Arrrgh ! S'il était possible de mourir de honte, je serais foudroyée ! Mais ce n'est pas le cas, alors je tente de chasser ce méchant petit nuage de mon esprit et relève la tête. Je suis une globe-trotteuse, une battante, et les garçons ne perdent rien pour attendre. Je suis persuadée que je m'en sortirai avec brio sur ma planche, tout à l'heure ! Alors rira bien qui rira la dernière !

10 H 30

Sur la plage, Manolo nous confie à Kekoa, un moniteur âgé de vingt ans au sourire éblouissant et au torse parfaitement lisse et bronzé. Il est prévu qu'Eva vienne nous rejoindre plus tard pour nous ramener.

Les présentations faites, le jeune homme commence la leçon par un long discours en anglais auquel je ne comprends pas grand-chose. En substance, je saisis surtout qu'il nous raconte l'histoire du surf et de la culture hawaiienne. Apparemment, le sport a été inventé ici et fait partie intégrante de la culture des *Natives*[1] depuis plusieurs siècles.

— Moi qui croyais que ce sport était né sur les côtes californiennes, soufflé-je à l'oreille de Gino.

— Je pensais la même chose, chuchote mon ami.

Notre instructeur continue en racontant qu'à ses débuts, au XVe siècle, le surf était réservé à l'élite de la société, c'est-à-dire aux chefs de tribu ainsi qu'à leurs meilleurs guerriers. Ceux-ci défiaient la mer sur de très longues planches dans une sorte de rituel spirituel. Puis, lorsque l'archipel a été colonisé, la pratique en aurait été interdite par les hommes d'Église qui la considéraient comme une activité de dépravés parce qu'elle se faisait à moitié nu... (Ça paraît trop bizarre... 😂) Enfin, après une longue éclipse, le

1. Autochtones.

surf aurait été remis au goût du jour en tant que sport populaire dans les années 1900, lorsqu'un champion olympique de natation nommé Duke Kahanamoku s'est mis à faire des démonstrations un peu partout à travers le monde. La discipline se serait ensuite rapidement répandue. D'abord en Californie et en Australie, puis dans tous les endroits où il y a de belles vagues.

— C'est bien beau tout cela, mais je commence à cuire sous ce soleil, moi. On y va bientôt ? laissé-je échapper.

— Chuuut ! fait Gino. Je crois qu'il n'a pas terminé son exposé.

Grrr ! Ils m'énervent ces deux-là, à la fin !

Bon, Kekoa nous demande maintenant d'enfiler une veste de sauvetage.

— Ce n'est vraiment pas nécessaire, objecté-je en regardant Gino. Je sais nager depuis l'âge de deux ans !

— Peut-être, mais si c'est la règle dans ce cours, je crois qu'il vaut mieux obéir sans rechigner. Allez, Jules !

— Mais…

Avec le sourire, le jeune instructeur dit quelque chose en anglais que je ne comprends pas.

— Que dit-il ? demandé-je à Gino.

— Il dit que notre sécurité est sa priorité et que porter ce gilet est la condition *sine qua non* pour qu'il nous emmène sur l'eau.

— Bon, bon, grommelé-je en enfilant l'affreuse veste rouge et bleu.

Je vais avoir l'air d'une espèce de ballon de plage. Grrr ! Dans ces circonstances, je me demande bien comment je pourrai amener Gino à m'embrasser... Heureusement que j'ai pensé à me maquiller un peu ! ☺

10 H 45

Nous débutons par un entraînement sur le sable. À l'invitation de Kekoa, nous fixons le *leash* à notre cheville droite avant de nous allonger à plat ventre de façon à ce que notre corps soit centré au milieu de la planche. Ensuite, le jeune homme nous demande d'effectuer un mouvement de rame avec les deux bras, afin de bien sentir les muscles qui auront à travailler dans l'eau.

(Ça y est, je me sens complètement RI-DI-CU-LE à ramer ainsi dans le sable comme une débile, la cheville attachée à ma planche ! 😝)

Ensuite, nous nous exerçons à nous mettre en position debout. L'instructeur nous montre comment mettre les paumes de nos mains sur la planche, sous nos épaules. Puis, en poussant de nos mains, il faut redresser le tronc, retrousser les orteils et propulser notre corps vers le haut dans un rapide mouvement, c'est-à-dire qu'il faut sauter d'un bond pour venir placer nos pieds l'un derrière l'autre, avant de nous relever, genoux légèrement fléchis. Il nous fait exécuter le mouvement plusieurs fois en répétant que, pour rester en équilibre, il faudra fixer un point, loin devant nous.

Pfff! TROP facile! (Je ne vois vraiment pas ce qu'on attend pour y aller, là. C'est *full* bébé, ces exercices, en plus d'être parfaitement inutile, si tu veux mon avis... 😑)

Avant de nous permettre d'entrer dans l'eau, le garçon nous soûle encore de consignes de sécurité et de trucs de son cru. L'entrée dans la zone de déroulement des vagues et la sortie sont les deux moments les plus périlleux de l'expérience. Il faut demeurer particulièrement vigilant; la mer peut être très changeante, et patati, et patata...

11 H 15

Bon, là, je crois que ça y est. On peut y aller? 😐
Ouais!!!
ENFIN!

Je suis très excitée. Je vais tellement m'amuser ! Regarde-moi bien aller, je vais prendre les vagues d'assaut tel un véritable dauphin !!! Yahooou ! ☺

Nous entrons dans la mer. Ensuite, à l'invitation de Kekoa, nous nous allongeons sur nos planches et commençons à ramer avec les deux mains, en direction de l'endroit où les vagues se brisent. Leur crête n'est pas très haute sur cette plage. Il n'y a pas de raisons de s'inquiéter. Une fois arrivés à l'endroit indiqué par notre instructeur, nous tournons nos planches en direction du rivage pour attendre la « bonne » vague.

À plat ventre, je regarde en arrière, le cœur battant.

Oh ! Oh ! Elle n'est pas si petite que ça, cette vague, dis donc !

Lorsqu'elle fonce sur moi, je me mets à ramer comme une malade, et quand la vitesse me semble adéquate, je tente de me lever, agrippant mes doigts de chaque côté de la *longboard*, la bouche grande ouverte pour rester concentrée.

11 H 30

PLOUFFF !

Je ne sais pas pourquoi, mais je bois copieusement la tasse. Argh ! Je suis tombée, semble-t-il.

J'étouffe ! Crachant et toussant, je remonte sur ma planche tant bien que mal, tandis que la vague traîtresse va s'évanouir sur la plage. À la recherche de Gino, je balaie les alentours du regard. Il est tombé, lui aussi. (Cool ! Je sais, c'est poche de m'en réjouir... 😕) Quant à Kekoa, je me trompe où il rigole doucement dans sa barbe ? Non, il n'oserait pas ! D'un geste, il m'invite à me reprendre. Je lui souris machinalement et montre mon pouce en l'air, soucieuse de ne pas perdre la face. Je ferai mieux la deuxième fois.

Je pense que, dans un mouvement de panique, j'ai agrippé avec force les bords de ma planche au lieu de me redresser. C'est ce qui m'a fait perdre l'équilibre. Il n'y a qu'à recommencer. Je vais y arriver, cette fois. Je le sens !

11 H 45

Plouf !

Bon, bon, bon ! Peut-être pas cette fois-là, mais la prochaine, très certainement. Fais-moi confiance. Bras souples, pieds bien ancrés sur la planche, je fais tout de suite un autre essai.

12 H 30

Re-plouf !

Argh !

Encore ?

Mon air furieux a dû lui échapper parce que Kekoa rigole ouvertement cette fois. Grrr ! Y'a vraiment pas de quoi rire, franchement !

— *Hana hou ! Hele*[2] *!* me lance-t-il.

Je n'ai pas la moindre idée de ce que cela peut vouloir dire.

Je suis tellement déçue. Il y a une heure à peine, je me sentais si sûre de moi. Véritable dauphin, mon œil ! Chaque fois que j'essaie de me redresser, je me retrouve aussitôt au fond de l'eau, comme une vraie baleine en difficulté, oui… ☹

C'est fort probablement la faute de la planche. Elle est défectueuse, c'est évident !

Pour ajouter l'injure à l'insulte, un coup d'œil dans la direction de Gino me confirme que non seulement il arrive à se redresser, lui, mais qu'il tient debout environ dix secondes, minimum, avant de faire le plongeon. Honte à moi !

---

2. *Hana hou* veut dire « Essaie encore » en hawaiien. *Hele* veut dire « vas-y ».

14 H 00

Seizième essai, seizième échec. Quelle humiliation ! Okay, j'abandonne ! De toute façon, nos trois heures de cours sont terminées depuis trente minutes. La mort dans l'âme, je rejoins mon ami et sa mère, sur la plage, ma planche sous le bras. Faisant contre mauvaise fortune bon cœur, je mets un soin particulier à sortir de l'eau avec grâce, telle une sirène ou une ensorceleuse naïade[3], à défaut d'être la meilleure surfeuse de la plage…

Gino éclate de rire au lieu de défaillir sous le coup de l'émotion.

— Tu as quoi sous les yeux ? demande-t-il.

— Je ne sais pas. Que veux-tu dire ?

— Tu as du noir.

— Deux grandes coulisses qui descendent jusqu'à tes joues, précise Eva. On dirait… un mignon raton laveur.

Misère ! Se pourrait-il que mon super mascara waterproof n'ait pas du tout tenu le coup ? 😲

14 H 45

Fort heureusement, les blessures d'orgueil ne sont pas mortelles. Je te laisse imaginer la mine

---

3. Sorte de nymphe aquatique.

des petits lorsque nous les avons récupérés après leur leçon de canoë et qu'ils ont vu ma figure. La honte ! 😝 J'avais bien essayé d'en enlever un peu avec ma serviette de plage, mais je n'ai réussi qu'à me mettre du sable dans les yeux. Résultat ? Ils piquent et ils doivent être aussi rouges que ceux d'un poisson rouge ou d'une vampirette. C'est la cata !

Une fois à la maison, je me précipite dans la salle de bain pour tenter d'effacer les traces de ma déconvenue avant de me jeter sur mon iPad afin de tout raconter à Gina.

Gina (intéressée) : Puis ? Comment ça s'est passé aujourd'hui ? La planche ? Gino ?

Moi (déconfite) : Un vrai cauchemar ! Tu veux que je commence par quoi ?

Gina (décontenancée) : La planche ?

Moi : Malheureusement, ce n'est pas aussi facile que ça en a l'air. Non seulement je ne suis pas arrivée à me tenir debout sur cette satanée planche – au contraire de Gino d'ailleurs –, mais le mascara que j'avais appliqué ce matin a coulé jusque sous mon menton et j'ai eu l'air doublement ridicule.

Gina (incrédule) : Je ne comprends pas. Tu n'es pas en train de me dire que tu as mis du mascara avant d'aller surfer ? Qu'est-ce qui t'a pris ?

Moi : Ben, c'est pas ce que tu m'avais conseillé ?

Gina (les yeux en l'air) : Alors là, ma pauvre, tu as mal compris. Je t'ai conseillé de mettre du mascara avant de sortir avec Gino, pas pour aller te baigner. Tu vois bien que ça n'a pas d'allure !

Moi : Puisqu'il s'agissait d'un mascara que j'ai piqué à ma mère, j'ai cru qu'il allait tenir ! Les filles de la pub, elles le portent bien à la plage, elles !

Gina : Peut-être qu'elles ne font pas vraiment du surf, elles ! Il faut croire qu'après un après-midi dans l'eau salée, il n'y a aucune garantie qui tienne, même avec un mascara supposé être à l'épreuve de l'eau. D'ailleurs, avais-tu vérifié s'il l'était vraiment ?

Moi : La vérité, c'est que je suis trop nulle en matière de séduction. Et en sport, c'est pire encore !

Gina : Bon, ça ne sert à rien de t'apitoyer sur ton sort. Ressaisis-toi ! Ce n'est qu'à force d'entraînement que tu arriveras à maîtriser la technique. Il faut persévérer ! Tous les champions ont d'abord été des débutants.

Moi : Vraiment ?

Gina : Mais, bien sûr, banane ! Qu'est-ce que tu crois ? Que tous les Hawaiiens sont venus au monde sur une planche ?

Moi : Peut-être bien…

Gina : Bon, penchons-nous plutôt sur le cas de Gino. Quel est le programme de ce soir ?

Moi : Nous sommes censés aller souper au restaurant.

Gina : C'est le moment ou jamais de relancer ton opération de séduction. Prends une douche ou un long bain, lave tes cheveux avec soin. Coiffe-toi, maquille-toi légèrement et mets du vernis à ongles.

Moi (un peu ahurie) : Du vernis à ongles ?

Gina : Il paraît que les hommes adorent cela. Gino ne doit pas faire exception. Mets-en aussi sur les ongles de tes doigts de pieds, tant qu'à y être. Enfin, applique un peu de *gloss* sur tes lèvres et choisis ta plus belle robe. Tu as une paire de sandales avec un petit talon haut ?

Moi : Euh, non… Et puis, ça commence à faire beaucoup de froufrous, je trouve.

Gina : Tu veux le rendre fou de toi, oui ou non ?

Moi : Fou ? Je ne crois pas, non.
Gina : Faudrait savoir ce que tu veux, Jules ! Ce n'est pas en t'habillant comme un garçon manqué que tu le décideras à t'embrasser.
Moi : Okay. Je vais y réfléchir.

18 H

Nous mangeons à Lāhaina ce soir, une ville touristique située au nord-ouest de Kihei. Pour célébrer notre premier séjour à Hawaii, Manolo et Leilani nous ont invités au plus réputé *luau* de tout l'État.

Tu me demandes ce que signifie *luau* ? ☺ C'est un festin hawaiien traditionnel, accompagné de chants et de danses. Une fête tout à fait spectaculaire, paraît-il ! On va bien s'amuser, c'est certain ! ☺

Pour l'occasion, j'ai mis la robe la plus courte que je possède. La rouge. Celle qui montre bien le galbe de mes jambes... Si je ne la porte pas ici, je ne la porterai jamais, avoue ! J'ai aussi mis un soin particulier à me coiffer. D'habitude, je fais la raie au milieu. Je l'ai faite sur le côté, pour changer, et j'ai mis une jolie barrette ornée de brillants en plus du vernis multicolore que j'ai appliqué sur les ongles de mes mains et de mes orteils. Orange, fuchsia, mauve, rouge et rose. Voilà qui devrait faire craquer mon Gino. (T'en penses quoi ?)

Lāhaina est à environ trente minutes de route de la maison. Sur la banquette arrière de la voiture, j'aurais aimé m'asseoir à côté de mon ami, mais la petite Keikilani s'est glissée entre nous. À sa demande, je lui ai aussi mis du vernis à ongles et elle est mignonne comme tout. On a presque l'air d'être des sœurs. Je l'adore. Cependant… 🙄, elle est aussi collante qu'une petite sœur, justement. Pas moyen d'être un peu tranquille avec Gino. Bah ! Tant pis ! Je dois être patiente. Nous avons heureusement toute la soirée devant nous.

18 H 30

Arrivés à destination, l'oncle Manolo nous propose d'abord une visite guidée des environs. Nous nous arrêtons dans Front Street, la rue principale située sur le front de mer.

En descendant de voiture, il tend la main à Leilani tandis que Kai prend celle de Keoni. Mon épaule frôlant celle de Gino, c'est le moment de vérité. Va-t-il enfin oser prendre ma main devant sa famille ? Lorsque je sens des doigts effleurer les miens, je ferme les yeux. Ça y est.

—*Aloha wau ia oe,* fait une petite voix.

J'ouvre les yeux et je découvre que… Keikilani a glissé sa menotte au creux de ma paume après s'être à nouveau faufilée entre Gino et moi.

— *What did you say ?* demandé-je en me penchant sur elle.

— *I love you,* traduit-elle en battant des cils et en me regardant avec adoration.

Au moins, il y a quelqu'un qui m'apprécie ! 😛

Le trottoir est envahi par les touristes et les habituelles boutiques de souvenirs se succèdent, mais il y a de très jolies terrasses et la beauté des maisons de style vieillot, en bois peint de couleurs pastel, m'enchante. L'ensemble a vraiment beaucoup de charme. Partout où se pose mon regard, je vois des amoureux de tous les âges, main dans la main. Hawaii est décidément l'endroit le plus romantique qui soit au monde. Dommage que Gino ne semble pas s'en rendre compte. Je me surprends encore une fois à souhaiter que maman soit là pour voir tout ça…

19 H

Il est l'heure de nous joindre aux autres convives du Old Lāhaina Luau. Nous sommes accueillis à l'entrée par de jeunes filles et de jeunes hommes, habillés de paréos jaunes, qui nous distribuent des *lei* d'orchidées mauves en nous souhaitant la bienvenue. Les jeunes filles, dont les longs cheveux tombent jusqu'à la taille, portent des couronnes de fleurs autour de la tête et leurs paréos sont noués au-dessus de la poitrine, tandis que les garçons portent des *lei* sur leurs torses nus, leurs paréos étant noués à la taille. Ils sont tous tellement beaux que j'en suis béate d'admiration. 😯

Sur la pelouse de l'immense site, une cinquantaine de longues tables ont été joliment dressées, avec de la vaisselle colorée, de magnifiques couverts et des fleurs en quantité. Un garçon nous conduit vers la nôtre. Gentiment, il tire galamment ma chaise et m'invite à prendre place avant de repousser le dossier. Un autre garçon vient ensuite prendre nos commandes de boissons. Manolo commande des *Piña colada*[4] pour les grands et des jus de fruits pour les petits… Devine dans quel clan Gino et moi nous trouvons ? Celui des jus d'ananas arrosés de grenadine, évidemment. Mais je suis contente parce qu'il y a un joli petit parasol de papier rose dans mon verre. ☺

Les pupilles agrandies par l'émerveillement, j'observe ce qui se passe autour de nous. Une

---

4. Un cocktail à base de rhum auquel on ajoute du jus d'ananas et du lait de coco.

immense scène a été disposée au milieu du terrain. Au fond, nous avons une vue imprenable du coucher du soleil sur la mer. Jamais auparavant je n'avais vu un tel camaïeu de rose et de mauve ! Une merveille ! Sur la plage, j'aperçois des gens affairés autour d'un gigantesque trou creusé dans le sable. Ils sont en train de déterrer quelque chose. Je me demande ce que ça peut bien être.

Près de nous, un ensemble de musiciens masculins interprète des airs hawaiiens. Ils portent des chemises imprimées de larges fleurs sur des pantalons noirs. Deux d'entre eux tiennent un ukulélé en chantant tandis qu'un autre joue de la guitare hawaiienne, une guitare que l'on pose sur les genoux et dont on pince les cordes métalliques avec la main gauche. Le dernier fait aller ses doigts sur une contrebasse. J'adore cet instrument ! Il me semble reconnaître plusieurs airs. C'est très joli en tout cas et vraiment... romantique ! ☺ (Je sais ! Jamais auparavant je n'avais autant utilisé ce mot...)

Je lorgne du côté du buffet. Celui-ci, énorme, a été installé sous une large tente. Ça sent bon ! Je suis titillée par la curiosité. J'espère que j'arriverai à trouver quelque chose à mon goût. (Tu crois qu'il y a une chance pour qu'ils nous servent des spaghettis ? ☺ Naooon !)

19 H 30

Lorsqu'on nous invite à aller remplir nos assiettes, je me lève d'un bond, histoire de m'assurer de suivre l'oncle Manolo pour pouvoir lui poser des questions sur les plats.

Je remarque tout de suite qu'il y a plusieurs variétés de poissons et de légumes frais : des fèves vertes, des carottes, de la salade verte, du thon jaune, du mahi-mahi, du saumon, du crabe, des crevettes géantes et même de la pieuvre. Hum, pas sûre… 😛 Il y a aussi des sushis, du riz blanc, des nouilles de riz, des brochettes de tofu, de la salade d'algues et des châtaignes d'eau tranchées. Euh… 😓

— La cuisine asiatique est très prisée à Hawaii, commente Manolo, principalement en raison des communautés importantes venues de Thaïlande, du Japon et du Vietnam.

— Ah bon !

Je me laisse plutôt séduire par le *chicken long rice*, une sorte d'épaisse soupe poulet et nouilles, et je me fais une assiette de tranches de tomate et de concombre, avec de la salade de pommes de terre et de la purée de patates douces.

Au centre du buffet, la pièce maîtresse attire tout de même mon attention. C'est un immense… cochon.

— Un cochon de lait, me chuchote l'oncle de Gino à l'oreille. On appelle ce plat le *Pua'a Kālua*. L'animal est cuit à l'étouffée dans un *imu*. C'est une sorte de four traditionnel. Tu veux que je t'explique ?

J'hésite un moment, puis acquiesce d'un signe de tête.

— Il faut d'abord creuser un grand trou dans le sol et y déposer des pierres brûlantes. On ajoute ensuite le cochon prêt à cuire, enveloppé de feuilles de taro.

— De taro ?

— Une plante indigène ayant de très grosses feuilles comestibles. Pour finir, on recouvre le tout de terre et on laisse cuire environ huit heures. Tu as peut-être vu les cuisiniers s'affairer autour d'un grand trou tout à l'heure ? Le moment venu, on déterre l'animal et on le savoure. C'est vraiment délicieux. Il faut absolument que tu y goûtes !

C'était donc ça le trou sur la plage !

Un coup d'œil en direction des enfants qui trépignent d'impatience devant l'animal me confirme qu'ils raffolent de ce plat plus que de toute autre chose. Hum, les spaghettis ne font décidément pas partie des habitudes alimentaires des Hawaiiens... Autant profiter de ce voyage pour me familiariser avec les spécialités du coin, même les plus étranges. De toute façon, je suis la reine des gourmandes. ☺

— D'accord. Je veux bien y goûter.

— Bien ! dit-il, en me servant une portion plus que généreuse.

19 H 45

Je ne regrette pas mon choix. Le cochon de lait est effectivement délicieusement tendre. Il s'effiloche à la fourchette et, mélangé à la purée de patates douces, ça goûte le ciel ! ☺ Tout comme la salade de fruits que l'on nous apporte pour dessert ! À côté de moi, Gino a plutôt opté pour une assiette débordante de poissons, de fruits de mer, de sushis et de riz. On ne peut imaginer deux ados plus différents l'un de l'autre. (Tu crois que ça veut dire que nous sommes incompatibles ? ☹) On dit qu'un premier voyage ensemble est un moyen infaillible de savoir si un couple a des chances de fonctionner. Misère ! Si je me fie aux quarante-huit premières heures, ça augure plutôt mal. (Tu en penses quoi, toi ? C'est vrai ? Ah bon ! 😮)

20 H

Le soleil achève de se coucher au fond de la mer lorsqu'arrive l'heure du spectacle principal. J'ai beaucoup entendu parler de la danse hawaiienne, et j'en ai eu un aperçu avec la démonstration de Leilani et des enfants hier, mais c'est la première fois que j'ai l'occasion d'assister à un spectacle de danseurs professionnels. J'ai trop hâte !

Ça commence avec la voix d'un narrateur invisible qui raconte, en anglais, l'arrivée sur l'archipel d'Hawaii des premiers représentants du peuple polynésien, après qu'ils eurent quitté le sud-est du Pacifique à bord de simples canoës. 😮 Quel courage ils avaient ! Le voyage a vraisemblablement duré des semaines pour ne pas dire des mois ! Ils se sont ensuite installés sur ces îles fertiles et ont dansé le *hula* pour remercier leurs dieux, poursuit-il.

Ensuite, un homme monte sur scène. Il a l'allure cérémonieuse d'un chef ou d'un grand prêtre.

— *Kapuna*, commente Leilani, *the chief*.

Dans sa langue natale et avec une voix forte, presque brutale, l'homme entonne un chant aux accents très dramatiques. Il raconte à son tour, je crois. Et c'est l'arrivée spectaculaire d'un groupe de danseurs masculins aux mouvements de pieds endiablés. Torses nus, ils ne sont habillés que de pagnes et portent sur la tête des couronnes tressées dans des feuilles de palmiers.

À voix basse, Leilani nous explique que le *hula* est avant tout un moyen de transmettre l'histoire du pays et de son peuple. Le chant du *Kapuna* s'appelle le *oli* ou le *mele*. Il narre ou chante les événements que les danseurs incarnent avec leur corps. Le narrateur est toujours de sexe masculin, mentionne-t-elle, tandis que les danseurs regroupent généralement les deux sexes.

En bas de la scène, un groupe de musiciens joue des percussions pour marquer le rythme. Il y a des tambours de diverses tailles, de très grands à tout petits.

— Ce sont des *pahu*, poursuit la tante de Gino. Ils sont taillés directement dans des troncs d'arbre et recouverts d'une peau de requin. Ils font partie de tous les orchestres traditionnels accompagnant des danses sacrées.

Des danseuses viennent ensuite rejoindre les danseurs. Des couronnes de feuilles ceignent également leurs fronts et elles sont habillées de jupes confectionnées du même matériau. Quant à leur poitrine, elle n'est couverte que d'un soutien-gorge rudimentaire formé par ce qui semble être des demi-noix de coco.

Aux mouvements de hanches et aux déplacements de pieds endiablés succèdent des pas plus doux auxquels s'ajoutent des figures avec les mains. Certaines chansons, plus lentes, sont interprétées par un chœur et accompagnées du ukulélé. Manolo dit qu'il y a deux styles de *hula* ; le style polynésien et très ancien, appelé *Kahiko Hula*, et le style plus récent qui a été influencé par l'arrivée des Occidentaux, le *Auana Hula*.

Je suis fascinée, presque hypnotisée. Je n'arrive pas à croire que je suis ici, maintenant, que j'assiste à cette soirée féérique et que j'apprends toutes ces choses… en compagnie de Gino. 😍 Je le gratifie d'un sourire radieux qu'il me rend également. Je suis heureuse.

— Tu aimes le spectacle ? demande-t-il.

— Je l'adore !

Toute la soirée, les numéros se succèdent, plus spectaculaires les uns que les autres. Les costumes, la musique, les chansons et les prouesses des danseurs, qui manient également diverses percussions tout en dansant, m'ensorcellent et contribuent à me dépayser complètement.

Lors d'un numéro en particulier, les danseuses manipulent des *'ili'ili*. Ce sont des galets qu'elles entrechoquent au creux de leurs paumes avec habileté, à la manière de castagnettes. Wow ! Ça n'a vraiment pas l'air facile.

Dans un autre tableau, garçons et filles tiennent dans leurs mains des genres de bâtons qu'ils font s'entrechoquer et qu'on appelle des *pu'ili*. Et dans un autre encore, tous tiennent un drôle d'instrument qui a la forme d'un sablier, mais dont le son ressemble à celui des maracas.

— On dirait des courges géantes, soufflé-je à l'intention de l'oncle Manolo.

— Tu as raison, répond-il en souriant. Il s'agit en fait de gourdes, une variété de fruit également de la famille des cucurbitacées, comme la courge et la citrouille. Après l'avoir vidée, on la fait sécher. Elle devient alors très dure. On y réintroduit les graines, on scelle et on vernit le tout. Ça s'appelle un *ipu heke*. Mais il y a aussi le *ipu*, tout court, qui a la forme d'une cloche.

Lors d'un des derniers numéros, au rythme plus lent, la petite Keikilani et sa maman sautent sur leurs pieds et commencent à danser elles aussi. Ça semble si facile que je décide de me joindre à elles. J'ai toujours rêvé de danser le *hula* ! Timidement d'abord, puis avec de plus en plus d'assurance, j'ondule mes hanches et je fais des mouvements de bras et de mains vers la gauche puis vers la droite. C'est tellement bon de danser ! À un moment donné, je surprends le regard de Gino sur moi. Un regard indéfinissable. Je ne saurais dire s'il a honte de mon sans-gêne ou s'il admire ma « chorégraphie ». 😐 Je me sens soudainement si embarrassée que je me rassieds en rougissant. De toute façon, la chanson est terminée.

Alors que la soirée touche à sa fin, l'animateur invite les couples à se regrouper sur la scène. La tête basse, je regarde mes mains posées sur mes genoux, attendant avec une légère anxiété que Gino me tende la main… Va-t-il oui ou non se décider ?

Tout autour de nous, des dizaines de personnes se lèvent, Manolo et Leilani inclus. Devrais-je proposer moi-même à Gino de nous joindre au groupe ? L'invitation s'adresse-t-elle aux couples mariés exclusivement ? Ou s'agit-il, comme je le pense, d'une invitation à l'intention des amoureux de tous âges ?

Quoi qu'il en soit, lorsque la musique d'un *slow* débute et que l'animateur invite les couples venus le rejoindre à s'enlacer et à danser en disant qu'il s'agit d'une « *Hawaiian love song for all the love-birds around the world*[5] », je sens mon cœur se

5. Chanson d'amour hawaiienne pour tous les tourtereaux du monde.

briser en miettes. Comment Gino peut-il me faire un affront pareil devant tout le monde ? Le pire, c'est qu'il est avec sa famille, alors que je suis seule de mon côté, sans personne pour me réconforter !

Les larmes aux yeux, je me lève précipitamment, faisant tomber ma chaise en arrière, pour m'enfuir à toute vitesse en direction des toilettes où je passe ensuite une demi-heure à regarder mon mascara couler à nouveau sur mes joues enflammées.

Sacrée soirée ! ☹

23 H 30

Dans la voiture, je demeure silencieuse. (À bouder, dis-tu ? Pas vraiment. En fait, je suis mortifiée, cruellement blessée dans mon amour-propre et, surtout, complètement désemparée.) Ce voyage est une véritable catastrophe ! Ma relation avec Gino n'est qu'un vaste malentendu, me semble-t-il. Comment ai-je pu imaginer que j'étais sa petite amie ? J'y ai cru, drôlement cru, pourtant… (Et toi ?)

De retour dans le refuge de la chambre de Keikilani, un regard à l'horloge de mon iPad me permet de constater que le soleil doit être sur le point de se lever dans la chambre de Gina. Si j'attends encore une heure, non seulement la petite

Keikilani se sera endormie, mais j'aurai une chance d'arriver à réveiller mon amie par un appel sur FaceTime. Je n'ai jamais eu autant besoin de ses conseils !

Moi : Gina ?
Gina (bâillant) : Quoi ?
Moi : Il faut absolument que je te parle !
Gina : Quand ? Pas maintenant quand même ? Tu as vu l'heure qu'il est ?
Moi : Minuit ici. Mais c'est le matin à Québec, non ?
Gina : Ça dépend de ce que tu entends par là. Il est six heures et tu devrais savoir que je ne sors jamais du lit avant midi les week-ends !
Moi : Bon, écoute, on n'a pas de temps à perdre sur un sujet aussi trivial que l'heure qu'il est. Entre Gino et moi, c'est l'état de crise.
Gina (bâillant toujours) : Ah bon ! Qu'est-il arrivé, cette fois ?

Je passe dix minutes, minimum, à tout lui raconter. Comme je m'en doutais, elle est encore plus étonnée et scandalisée que je suis bouleversée.

Gina (soudain bien réveillée) : Naoon ! Il n'a pas osé te faire ça ?

Moi : Puisque je te le dis !

Gina : C'est un monstre, dis donc !

Moi : Tout à fait !

Gina : Oh là là ! Que vas-tu faire ?

Moi : Je te le demande, justement.

Gina (secouant négativement la tête) : Le hic, c'est que tu ne peux quand même pas rentrer au Canada toute seule.

Moi : Pourquoi pas ?

Gina : Tu connais un moyen de te rendre à l'aéroport sans demander l'aide de sa mère ou de son oncle, toi ?

Moi (perplexe) : Heu, pas vraiment, non. Tu crois qu'ils refuseraient de m'amener si je le leur demandais ?

Gina : Ce n'est pas qu'ils refuseraient, mais plutôt qu'ils te poseraient des tas de questions embarrassantes et indiscrètes auxquelles il te faudrait répondre.

Moi (la mine basse) : Tu as raison. Je fais quoi, alors ?

Gina : Écoute, l'important, pour le moment, c'est de ne pas perdre la face.

Moi (interloquée) : Je ne te suis pas.

Gina : Il reste combien de jours avant votre retour à Québec ?

Moi : Nous devons rentrer mardi prochain.

Gina : Il faut faire semblant de ne pas être affectée pendant encore seulement quatre minuscules petits jours. C'est pas si mal, non ?

Moi : Tu te moques de moi ? Encore tout ce temps à cacher mon cœur brisé, à passer du temps avec Gino en pensant qu'il préférerait sans doute me voir ailleurs ?

Gina (dubitative) : Soyons franches, on ne sait pas hors de tout doute qu'il "préférerait te voir ailleurs", comme tu dis. Ces quatre jours pourraient te permettre de renverser la situation. Tu sais, les garçons ne sont pas si simples à comprendre. Ce sont de drôles d'oiseaux... Es-tu absolument certaine de ne pas avoir mal interprété la situation ?

Moi : On ne peut plus certaine !

Samedi 17 août

9 H

C'est jour de congé aujourd'hui et la plupart des familles hawaiiennes vont à la plage. Nous y allons aussi tout à l'heure. Ça fait bizarre de dire cela, mais je suis soulagée de ne pas avoir à passer la journée seule avec Gino… Dans la cuisine avec Eva et Leilani, j'aide à préparer le pique-nique en m'occupant des sandwichs. Je suis heureuse de me rendre utile. Gino occupe ses cousins avec qui il se bagarre gentiment dans le salon. Les cris de joie et d'enthousiasme des petits font plaisir à entendre. Il est si gentil avec eux, Gino…

Malheureusement, Manolo a été appelé très tôt ce matin pour travailler. En tant que patrouilleur, ses horaires sont atypiques et il est de garde un week-end sur deux. Ces jours-ci, il surveille surtout les abords du Kilauea, mais il conduit aussi parfois un hélico-ambulance, ou bien il récupère des randonneurs égarés en montagne. Quel métier passionnant ! Je crois que j'aimerais piloter, moi aussi. J'aime l'idée que je pourrai choisir un métier à ma guise plus tard : archéologue, pilote, médecin, écrivaine ou astronaute ! ☺

En route pour la plage, nous sommes chargés comme des mulets : planches, seaux et pelles, sacs à dos, panier de pique-nique et chaises de plage ! Mais on rigole et tout le monde s'entraide. Je découvre avec ravissement les joies de passer du temps au sein d'une grande famille. Quand je serai en âge de fonder la mienne, j'aurai au moins six enfants et on passera le plus de temps possible ensemble !

Nous nous installons au même endroit, mais la compagnie ne manque pas. Il y a beaucoup plus de monde que lors de notre précédente visite ! Lorsque Gino et moi sautons à l'eau pour jouer avec ses cousins, ceux-ci sont rapidement rejoints par des tas de petits copains. Je ne tarde pas à en avoir plein les bras, en plus de Keikilani installée sur mes épaules. J'aime ça. Le rire des enfants me fait du bien après mes petits malheurs de la journée d'hier…

Après un moment, ils nous délaissent pour monter sur leurs planches. À mon grand désarroi, Gino prend aussi la sienne. Moi, après ma piètre performance, je n'ai plus trop envie d'essayer…

Je décide donc d'aller rejoindre Eva et Leilani qui semblent être en grande discussion.

La mère de Gino a la main devant sa bouche et elle a l'air bouleversée.

— Que se passe-t-il ? demandé-je.

— Oh ! rien de bien grave, temporise-t-elle. Leilani est en train de me raconter certaines choses que j'ignorais à propos de l'activité volcanique dans la région.

— Elle te raconte la légende disant que la colère de la déesse Pélé peut avoir des conséquences graves et qu'on lui doit des éruptions volcaniques ?

Eva a un petit rire.

— Pas tout à fait, non. Elle m'explique plutôt que, ces dix dernières années, l'activité du Kilauea s'est avérée négligeable. Mais que, depuis quelques jours, les scientifiques ont observé une augmentation de la pression dans le système magmatique[1] situé sous l'un des cratères, entraînant une montée de la lave au sein de celui-ci et expliquant la coulée d'hier matin.

---

1. Le magma est une matière visqueuse constituée de roches en fusion et contenue au cœur des volcans en activité. Le système magmatique fait référence à cette matière et à son emplacement. Je sais, c'est plate à mort et un peu nébuleux comme explication, mais pas autant que la conversation des grandes personnes, parfois !

Je réprime un bâillement. Je ne vais tout de même pas me farcir un discours concernant « le système magmatique » des volcans ! Voilà qui risque de me faire mourir d'ennui.

— Pourquoi ne vas-tu pas surfer avec Gino et ses cousins ?

— Euh ! C'est que...

Parfois, mieux vaut avouer la vérité.

— C'est que je n'arrive même pas à me lever sur ma planche. Ça a été un échec total lorsque j'ai essayé.

— Raison de plus pour t'y remettre, ma chérie ! répond Eva. Depuis quand on abandonne au premier pépin ? Acquérir une nouvelle technique est toujours une affaire de persévérance et c'est d'autant plus le cas avec la planche. J'aperçois un jeune instructeur là-bas ! Veux-tu que j'aille lui demander s'il est disponible pour te donner une nouvelle leçon ?

Le « jeune instructeur » en question est Kekoa. Il me fait un signe amical. Son cours d'hier n'a pas donné grand-chose, alors j'hésite à accepter. Ça a l'air tellement simple pour les autres, pourquoi ça ne l'est pas pour moi ? ☹

D'un autre côté, la mère de Gino cherche manifestement à m'éloigner pour pouvoir continuer à discuter « entre adultes » avec Leilani. Force est d'admettre que leur conversation ne m'intéresse pas le moins du monde. Et puis, si je réussissais au moins à tenir debout sur ma planche, j'aurais enfin la satisfaction d'avoir réussi quelque chose durant ce voyage, non ? Bon, bon, bon. J'accepte ou pas ? (T'en penses quoi ?)

— D'accord ! ☺

11 H

En plus d'être indéniablement beau garçon, Kekoa est surtout très gentil et d'une patience exemplaire, alors je m'applique et je tente d'être à la hauteur.

Pour les débutants, se mettre debout et « décoller » de la vague est le défi le plus important. Après, il s'agit de trouver le moyen de rester sur ses pieds le plus longtemps possible… La persévérance dans la pratique est la clé de la réussite, me fait à son tour comprendre le jeune homme. Cette fois-ci, je ne rechigne pas lorsqu'il propose de revoir les mouvements nécessaires sur le sable avant d'aller à l'eau. Pour le mouvement du rameur à plat ventre, ça va. C'est après que ça se gâte. Je ne semble pas m'y prendre comme il faut parce que mes pieds ne se placent pas au bon endroit lorsque je propulse mon corps pour me mettre debout.

Dans un mouvement rapide, il me faut utiliser les bras pour pousser vers le haut et poser mes pieds sur l'avant de la planche.

Doucement, Kekoa saisit mes pieds pour venir placer d'abord le premier à l'endroit où se trouvaient mes mains, puis l'autre un peu en arrière, avec un espace d'environ trente-cinq centimètres entre les deux. Ensuite, il me suggère d'essayer de me lever en trois étapes. En me mettant à genoux d'abord, puis en retournant les orteils pour m'accroupir avant de me mettre debout, les genoux fléchis.

— Bonne idée. Ce sera plus facile, murmuré-je.

— Vous faites quoi ? fait une voix à côté de moi.

Je n'ai pas vu Gino s'approcher.

— Ta mère a offert de me payer un autre cours.

— J'aurais pu te montrer. Pourquoi n'es-tu pas restée à l'eau avec nous ?

Tiens, tiens, voilà qu'il s'intéresse à moi, celui-là !

— Tu avais l'air très occupé, réponds-je avec détachement.

Et vlan. Dans les dents… ☺

11 H 15

Après dix minutes sur le sable, je me sens prête à entrer dans l'eau et à braver à nouveau les vagues.

Kekoa me suit de près. De sa voix rassurante, le jeune homme me donne de précieuses indications.

— *Now, get down on your knees*[2] *!*

Obéissante, je quitte la position à plat ventre pour me mettre à genoux. Ce sera bientôt le moment de vérité !

— *Go, go, go !*

Sans chercher à réfléchir, je pousse de toutes mes forces dans mes bras et me projette vers le haut. Je vais y arriver !!!

Plooouuuf !

Argh !!!

J'ai à nouveau bu la tasse... ☹

— *No problem, Juliet ! You're going to get it next time*[3] *!*

Il a raison. Je vais réussir la prochaine fois... ou la fois suivante... ou l'autre fois d'après... Quelle importance au fond puisque je m'amuse !

Un coup d'œil en direction de Gino et de ses cousins me permet de voir que ceux-ci sont aussi habiles que Kekoa. On pourrait presque croire qu'ils sont nés sur une planche ! Quant à mon chum, il tombe une fois sur deux. Hi ! hi ! hi ! Allez ! On recommence !

---

2. — Mets-toi à genoux, maintenant !
3. — Pas de problème, Juliette ! Tu l'auras la prochaine fois !

12 H 15

Je suis debout ! Puisque je te le dis ! J'y suis arrivée ! *OMG !* Je suis trop fiè...

Plouf !

Oups...

Bon ben, c'est pas grave. De toute façon, je te jure que ça y était ! Et j'ai tenu pendant trois secondes et demie, minimum. ☺ C'était tellement cool que je recommence ! Yahooou ! Trop plein de mercis, Kekoa !

15 H

Quand Eva et Leilani décident qu'il est l'heure de rentrer, j'ai totalisé au moins quatre minutes en tout à rester debout sur ma planche. Je sais, ça semble peu, mais crois-moi, trente secondes est une éternité lorsqu'on est soulevée par une vague. Je suis extrêmement fière de moi ! En plus, Gino a fini par remarquer mes progrès et nous avons passé pas mal de temps à nous amuser ensemble après la fin de ma leçon et le départ de Kekoa. Ai-je rêvé ou il a retenu ma main un peu plus longtemps que nécessaire à un moment donné ? Je reprends peu à peu espoir.

Manifestement, ni l'un ni l'autre n'avons envie que se termine ce bel après-midi puisque nous faisons tous les deux la sourde oreille aux appels des deux femmes. Allongés sur nos planches, nous relaxons tranquillement, étirant le plaisir.

— Tu as fait des progrès incroyables aujourd'hui, me dit mon ami. Je pense même que tu arrives à tenir plus longtemps que moi.

— Bien sûr que j'arrive à tenir plus longtemps que toi ! Qu'est-ce que tu crois ?

J'accompagne ma boutade d'une bourrade amicale visant à le faire tomber à l'eau et je l'arrose lorsqu'il essaie de se redresser.

— Si c'est comme ça, attends que je t'attrape ! riposte-t-il.

— Ha ! ha ! ha ! Essaie seulement !

À plat ventre sur ma *longboard*, je m'éloigne aussi rapidement que si je m'étais entraînée tout l'été.

— Ju-li-ette ! Gi-no ! Revenez tout de suite sur la plage, s'égosille Eva, les mains en porte-voix.

— Hum, si on ne veut pas que ça se termine mal, pas le choix d'obéir… fait mon compagnon.

— Ouais. C'était bien d'être un peu seuls tous les deux, non ?

— Tu as raison.

— Ce soir, après le souper, on pourrait revenir se balader dans la rue principale, juste tous les deux, et regarder les boutiques ? Tu crois que ta mère et ton oncle nous le permettraient ?

— Je pense que oui. Je ne vois pas ce que nous risquons à le demander.

— Nous pourrions même marcher sur la plage. Après le coucher du soleil, ça doit être le fun !

— Je vais tout faire pour que ça fonctionne. Promis, acquiesce-t-il.

J'ai envie de hurler de joie, mais je me retiens.

15 H 30

Sur la plage, on nous attend de pied ferme.

— Qu'est-ce qui vous a pris de ne pas répondre à nos appels ? Ce n'est pas une façon de servir d'exemple à tes cousins, Gino, le gronde sa mère lorsque nous la rejoignons, les petits dans notre sillage.

Gino et moi échangeons un sourire complice.

— On avait vraiment trop de fun, Eva. Excuse-nous, réponds-je, avec un sourire n'exprimant pas la moindre culpabilité.

16 H

De retour à la maison, Gino propose à ses cousins de jouer à des jeux vidéo et j'en profite pour annoncer que je vais faire une sieste. Mais avant tout, je me précipite sur ma tablette pour appeler Gina avant qu'elle ne s'endorme puisqu'il est vingt-deux heures à Québec !

Moi : C'est vraiment dommage qu'il nous ait fallu rentrer à la maison juste au moment où les choses semblaient enfin vouloir s'arranger entre nous deux !

Gina : Je suis heureuse pour toi, mais ce n'est surtout pas le temps de relâcher tes efforts.

Moi : Tu crois ?

Gina : Parle-moi un peu de ce garçon. Comment l'appelles-tu ? Kacao ?

Moi (hilare) : Kekoa !

Gina : Il pourrait te donner l'occasion de rendre Gino jaloux. Tu y as pensé ? Il a l'air de s'intéresser à toi ?

Moi : T'es folle ? Il a vingt ans, minimum.

Gina : Et après ?

Moi : Je ne ferais jamais une chose pareille ! On n'est pas en 1990. Ça ne se fait plus de nos jours des choses comme ça !

Gina : Je ne parle pas de revenir avant les années 2000, mais de mettre toutes les chances de ton côté pour pousser Gino à se déclarer et à t'embrasser enfin.

Moi : Bon, bon. Je vais y penser.

Gina : Et, en attendant, ne néglige surtout pas tes efforts pour être constamment à ton meilleur.

Moi : D'accord. Promis. Bonne nuit, Gina.

17 H 15

Après une sieste d'une heure, je suis réveillée par des voix dans l'entrée. Manolo est rentré du boulot et les enfants lui sautent joyeusement sur le dos. On ne doit pas être loin de l'heure du souper et je devrais aller rejoindre tout le monde, mais je me sens poisseuse à cause des restants de sel sur ma peau mélangés à la crème solaire.

Ayant encore à l'esprit les recommandations de Gina, je prends une douche avant de revenir dans la chambre pour me pomponner un peu en vue de ma balade avec Gino ce soir. En me regardant dans la glace, je remarque une rougeur, comme une petite bosse entre mes deux yeux. Qu'est-ce que c'est que ça ? 😛 J'effleure le renflement du bout des doigts et je constate que c'est douloureux. Je vais manifestement avoir un bouton. Mon premier bouton d'acné ! Quelle HOR-REUR ! Heureusement, il ne bourgeonne pas encore. J'ai cependant l'impression de ne voir que cela dans ma figure et je ne peux même pas le percer puisqu'il n'y a pas de tête blanche. Et je n'ai plus le temps de me faire un masque ou un truc du genre 😮.

Gina, elle, utilise une sorte de pâte médicamenteuse de couleur chair en bâton. Ça traite et ça camoufle en même temps. Si je passe devant une pharmacie en me baladant avec Gino, ce soir, je devrai impérativement vérifier s'il est possible d'en trouver !

En attendant, je revois l'ensemble de ma garde-robe. Misère ! Je n'ai vraiment pas grand-chose à me mettre. Il faudrait que je trouve quelque chose que Gino n'a encore jamais vu, pour le surprendre. Il y a toujours mon jeans préféré, bien sûr, et puis quoi ? 🤨 Tiens, il y a cette robe-short en coton indien écru que maman m'a achetée à Paris, fin juillet[4]. Je ne crois pas l'avoir encore portée devant lui. Elle me va vraiment bien parce que la couleur met en valeur mon début de bronzage. Avec du mascara et du brillant à lèvres, ce sera parfait ! Quant à mes cheveux, j'hésite entre les attacher en chignon sur le dessus de ma tête ou les laisser libres. Fermant les yeux, je m'imagine avec Gino marchant au clair de lune sur la plage. S'il se décide à m'embrasser, qu'est-ce qui sera du meilleur effet ? Mes cheveux détachés, assurément. Un dernier coup d'œil à mes dents et à mes ongles. Tout me semble parfait !

On cogne trois petits coups à la porte de la chambre.

---

4. As-tu lu *Juliette à Paris* ?

— Juliette ! fait la voix d'Eva.

— Oui ?

— Viens nous rejoindre pour souper.

Timing parfait ! ☺

19 H

— J'ai invité les jeunes Shigetomi à passer après le souper, annonce Manolo, alors que nous sommes en train de manger sous la pergola.

— Qui sont-ils ? demande Eva.

— Ce sont des adolescents qui vivent à côté. Un frère et une sœur. J'ai pensé que Juliette et Gino aimeraient avoir de la compagnie. Ils font du *babysitting* pour nous de temps en temps. Ils sont très gentils et ils sont nés à Tahiti, ce qui veut dire qu'ils parlent français.

(😲 Grrr ! Si je pensais pouvoir enfin profiter d'une soirée en tête à tête avec Gino, eh ben, c'est raté !)

— Bonne idée ! répond Gino. Ils ont quel âge ?

— Le garçon, seize, et sa sœur, quatorze, si je ne me trompe pas.

— C'est que… dis-je.

— Nous avions justement l'intention d'aller faire un tour sur Kihei Avenue, Jules et moi, continue Gino. On pourra y aller avec eux ?

— Bien sûr ! acquiesce son oncle.

— Tu es certain qu'ils sont fréquentables ? insiste Eva.

— S'ils ne l'étaient pas, je ne les aurais pas invités, *hermanita*. Et nous ne leur confierions pas nos enfants ! Leur mère travaille avec Leilani et leur père est ingénieur. Il est ici pour un contrat de trois ans avec l'État d'Hawaii. On lui a confié la mission de trouver des solutions pour améliorer le tracé de la route de Hana.

— Elle est où, cette route ? Et qu'a-t-elle de si particulier ?

— Elle est située sur la côte est de Maui, longeant le Pacifique, au beau milieu de la jungle. Elle fait à peine quatre-vingt-quatre kilomètres, mais elle compte plus de six cents virages et près de soixante ponts à une voie. Il y pleut la plupart du temps et les éboulis y sont fréquents. Ça en fait la route la plus dangereuse de l'archipel. L'État veut simplement la rendre plus sécuritaire et il se trouve que la firme qui emploie Christophe Shigetomi possède une expertise que nous n'avions pas par ici.

Il se tourne vers Gino et moi avant de poursuivre à notre intention.

— Quant à Arielle et Alexis, ils sont adorables. Je suis certain qu'ils seront ravis de vous emmener faire un tour. Vous n'avez quand même pas envie de passer toutes vos vacances en compagnie de vieux croulants comme nous ?

— *It is a really good idea*[5] *!* approuve Leilani en souriant.

Ça y est, les adultes ont décidé pour nous. Décidément, les planètes s'alignent pour faire de ma vie un enfer ! 😑

20 H

Alexis et sa sœur arrivent juste après le dessert, alors que Leilani vient de quitter la table pour emmener Keikilani et ses frères prendre leur bain.

Le garçon ressemble un peu à Kekoa (c'est-à-dire qu'il est athlétique, super beau 😮 et très relax !). Quant à sa sœur, elle est vraiment gentille et me met tout de suite à l'aise.

— *Aloha*. J'adore ta combinaison, dit-elle en me faisant la bise sur la joue.

— *Aloha*, réponds-je, un peu timidement.

— Salut, fait Alexis en me faisant un drôle de signe de la main droite, en soulevant le poing en l'air, avec certains doigts repliés, et en bougeant le poignet.

5. — C'est une merveilleuse idée !

— Euh ! Salut !

Je rougis sans trouver mieux à dire.

— Ça veut dire quoi ce truc avec ton poing ? demande Gino.

— C'est un *hang loose*, répond le garçon. Ça veut dire *Aloha*.

— En français, ça s'appelle un shaka, précise Arielle. À l'origine, c'était un signe de reconnaissance entre surfeurs. Aujourd'hui, c'est une façon cool de montrer son appréciation. Ça peut aussi vouloir dire : "merci", "ça roule", "de rien", et bien d'autres jolies choses. (Elle éclate de rire.) Shaka est un état d'esprit, une philosophie de vie.

— Tout le monde se salue comme ça par ici ? demande Gino.

— Tout le monde, répond Alexis.

— Et comment on fait exactement ? m'informé-je.

Alexis nous montre qu'il faut replier l'index, le majeur et l'annulaire, tout en gardant le pouce et le petit doigt ouverts et bien écartés. Il faut ensuite faire une légère oscillation du poignet vers la droite. Me prenant la main, il m'aide à placer mes doigts.

Je le trouve décidément super cool… ☺

20 H 30

Le frère et la sœur sont en fait tellement sympathiques que je ne suis plus aussi déçue d'avoir de la compagnie pour notre promenade. L'essentiel, c'est que nous passions du temps ensemble, sans les parents, non ? Bizarrement, Gino a l'air un peu maussade, mais bon, que nous ne soyons pas sur la même longueur d'onde n'a rien de nouveau ces jours-ci.

Nous flânons dans la rue principale, envahie comme toujours par les touristes. La nuit est magnifique et je me prends à imaginer que je vis ici, à Maui, et que nous sommes quatre compagnons de classe qui sortent un samedi soir.

Alexis me fait beaucoup rire. Il aime blaguer, mais n'est jamais déplacé. Je dirais même qu'il est attentionné. Je sens qu'il m'accorde de l'importance. Peut-être que je lui plais ? ☺ J'ai bien fait de ne pas attacher mes cheveux et de choisir cette tenue.

— On va jusqu'à la plage ? suggéré-je.

— Si ça te fait plaisir, pourquoi pas, répond le garçon.

En tout cas, il me plaît bien, à moi !

— À Québec, où tu habites, il y a une plage ? demande Arielle.

—Vraiment pas ! En fait, il y a les battures du fleuve, mais l'eau est tellement polluée qu'il n'est pas recommandé de s'y baigner.

—Comment faites-vous quand il fait chaud ?

—On va à la piscine municipale.

—Je suis née sur une île, alors je pense que je ne pourrais pas vivre dans un endroit où il n'est pas possible de voir la mer et d'y nager, confie la jeune fille.

—Je comprends. Tu as bien de la chance !

—Il faut que tu déménages ici, propose son frère, en souriant.

Puis, me prenant la main pour m'entraîner avec lui :

—Viens ! Je veux te montrer quelque chose.

Gino, Arielle et moi lui emboîtons le pas sans poser de questions. Sur la plage, nous marchons environ un demi-kilomètre, ensuite nous bifurquons vers un bouquet d'arbres, un peu en retrait. Là, à moitié cachée sous le feuillage, nous découvrons... une cabane !

—Wow !

C'est une vieille bicoque en bois rendu gris par le temps. Le toit est en palme et la porte grince lorsque nous la poussons.

—Elle n'est pas fermée à clef ? s'étonne Gino.

— Plus personne ne vient ici, sauf nous, confie Arielle. Elle est abandonnée depuis des années.

À l'intérieur, il n'y a qu'un banc de bois et quelques chaises aux pattes branlantes. Un trou dans le toit laisse voir le ciel et ses milliards d'étoiles. Comme un puits de lumière ! Nous nous asseyons pour discuter et Alexis propose que nous nous racontions des histoires.

— La tradition orale est de la plus haute importance en Polynésie. C'est comme ça que les aînés perpétuent leur savoir. Vous voulez connaître la légende du guerrier Maui qui a attrapé le soleil avec un filet pour freiner sa course et permettre aux pêcheurs de cuire leurs poissons ?

— Ouiii ! m'enthousiasmé-je.

— D'accord, fait-il, ravi, en se rapprochant du bord de sa chaise pour être plus près de son auditoire.

21 H

Dans le décor idyllique de la cabane de plage éclairée par la lune et les étoiles, Gino, Arielle et moi écoutons religieusement le récit d'Alexis :

— À la création du monde, le dieu soleil regardait avec envie les habitants de la terre, se plaignant d'être le seul à travailler tandis que les humains passaient leur temps à flâner. À un moment donné, il en eut assez ! Les jours suivants, il se leva tard et se coucha presque aussitôt. Le temps d'obscurité devint si long qu'il n'y avait plus assez de chaleur ni de lumière pour faire pousser les plantes, préparer les repas, ni même permettre aux chasseurs de rapporter du gibier. Triste de voir la vie dépérir autour de lui, Maui, un jeune guerrier, décida de tenter quelque chose pour sauver sa communauté.

Le visage de l'adolescent est très expressif et il mime l'action avec ses mains, ce qui rend son histoire encore plus passionnante.

— Après avoir mûrement réfléchi, il se mit à rassembler les plus grosses lianes qu'il put trouver, les plus longues algues et les bouts d'écorces d'arbres les plus solides. Comme l'obscurité tombait rapidement, il lui fallut plusieurs jours avant de rassembler tout le nécessaire. Avec ces matériaux, il avait le projet de tresser un gigantesque filet. Il travaillait une heure ou deux à la lumière du soleil, et la nuit à la lueur des étoiles. Son travail terminé, le guerrier jeta le filet sur son épaule et partit.

— Tu as oublié de parler du long cheveu de Hina, sa fiancée, intervient Arielle.

— C'est vrai, tu as raison !

Il me fait un clin d'œil et poursuit :

— La pièce maîtresse du filet de Maui était un long cheveu offert par la belle Hina, sa bien-aimée. Il l'avait ajouté à la trame de son filet. Armé de ce seul filet, donc, Maui marcha longtemps... longtemps... longtemps... jusqu'à atteindre le bord du grand trou, près de la mer, c'est-à-dire l'endroit où se levait brièvement le soleil, tous les matins. Là, il attendit... et attendit... et attendit. Après une longue nuit de veille, Maui aperçu enfin les premiers rayons du dieu soleil qui s'apprêtait à sortir de sa tanière. Sans plus attendre, il jeta son filet sur le trou.

— Oh !

— Eh oui ! Le soleil se retrouva prisonnier. Bien sûr, il se débattit avec vigueur, mais le filet du garçon tint bon. Une vingtaine de fois, le soleil tenta de sortir de son trou, mais chaque fois, à la force de ses bras, Maui le retint.

Je remarque que Gino retient à grand-peine un bâillement. Quelles mauvaises manières ! Je lui jette un regard furieux avant de reporter mon attention sur Alexis.

— Alors le soleil se mit à chauffer si fort que la mer commença à bouillonner, la terre à craqueler et les matériaux du filet de Maui à brûler. Tous ? Non, parce que le cheveu de Hina, lui, résistait !

Le soleil avait beau tenter de sauter, de se gonfler ou d'enfler, rien n'y faisait. Au contraire, coincé dans ses mouvements par le fameux cheveu, il perdit de son éclat et finit par arrêter de se débattre, vaincu.

— Ça se termine comme ça ? demande Gino avec une moue presque méprisante.

Je sursaute. Ça ne ressemble pas à mon ami d'être si impoli.

Sans prêter attention à la question, Alexis continue :

— Alors le jeune guerrier s'approcha du trou et dit : "Hé, soleil ! C'est moi, Maui, qui t'ai attrapé."

Avec habileté, le garçon imite alternativement la voix du guerrier et celle du soleil :

— Et le soleil de répondre, suppliant :

"Laisse-moi donc sortir !"

"Pas question ! J'ai décidé que tu resterais éternellement là où tu es pour avoir tant fait souffrir mon peuple ainsi que les plantes et les animaux."

"Mais si tu ne me délivres pas, je vais mourir !"

"Promets-moi d'abord que tu nous laisseras dorénavant le temps de pêcher et de cuire nos poissons et de faire pousser et cuire nos légumes avant la nuit !"

"Je te le promets !"

— Et après ? l'interrompis-je.

— Alors le soleil promit et Maui le délivra. Depuis ce jour, le soleil laisse suffisamment de temps entre son lever et son coucher pour permettre aux plantes de pousser et aux gens de nos îles de pêcher, de chasser, de préparer leurs repas et même de surfer et de se faire bronzer à satiété.

J'applaudis avec enthousiasme. J'aime tant les histoires ! ☺

Nous passons le reste de la soirée à raconter chacun des légendes. J'ai moi-même un certain succès en racontant celle de la chasse-galerie. Tu connais ? C'est un conte traditionnel québécois qui remonte à l'époque de la Nouvelle-France : Le soir du réveillon de Noël, un groupe de bûcherons décide d'aller rendre visite à leurs blondes qui habitent un village éloigné. Cependant, le seul moyen de faire le chemin et de revenir à temps est de conclure un pacte avec le diable qui, par un sortilège, fait s'envoler leur canoë dans les airs et les transporte à vive allure. Mais il y a un lourd tribut à payer pour cela...[6]

---

6. Pour en savoir davantage, je t'invite à visiter ce site Internet : https://www.histoirecanada.ca

22 H 30

La soirée s'est doucement écoulée dans une ambiance intime et chaleureuse. De retour sur le pas de la porte du bungalow, c'est à regret que je fais mes adieux à nos deux nouveaux amis. Après que j'ai terminé l'histoire de la chasse-galerie, Arielle nous a raconté celle de l'arrivée de Pélé, la déesse du feu et des volcans et de ses légendaires colères épisodiques qui causent les failles dans les flancs du Kilauea, en semant la désolation. 😮 C'est triste, mais ça explique en même temps le profond respect que ressentent les Hawaiiens envers la nature et les phénomènes naturels. Dignité, grâce et exotisme sont les trois mots que m'inspire jusqu'ici la culture de ces îles.

Cela a été ma plus belle soirée depuis notre arrivée à Hawaii ! Par contre, j'ai remarqué que Gino est resté à peu près tout le temps silencieux. Je hausse les épaules. Il est vraiment devenu bizarre. Va savoir pourquoi ! Peut-être que je ne lui plais plus du tout…

Tandis que les deux ados s'éloignent, je tente de lui tirer les vers du nez :

— Dis, tu l'as trouvée comment, Arielle ?

— Très bien, pourquoi ?

— Ben, juste pour savoir. Elle est belle, non ?

Je ferme les yeux un quart de seconde en attendant sa réponse. S'il me dit « oui », il y a péril en la demeure. Ça veut peut-être même dire qu'elle lui plaît plus que moi. S'il me dit « non », c'est hyper louche parce qu'elle est très jolie, cette fille. Normalement, il devrait répondre quelque chose du genre : « Elle est pas mal, mais tu es plus jolie encore ! »

(Tu es d'accord avec moi ?)

Rouvrant les paupières, je vois qu'il hausse les épaules.

— Elle est pas mal, mais pas vraiment mon genre.

Bon. Ce n'est pas exactement la réponse que j'attendais, mais ça demeure plutôt encourageant, non ? Reste encore un détail cependant...

— Ce serait quoi ton genre ?

Là, je lui ai facilité la tâche. Il n'a plus qu'à répondre « ton genre à toi », à m'embrasser, ici dans le noir, et la question est réglée !

Au lieu de cela, il hausse à nouveau les épaules.

— Bon... peut-on parler d'autre chose ? Ce genre de question piège, ça ne te ressemble pas du tout, Jules. Allez, rentrons !

Grrr ! Maintenant, je ne vois pas ce que je peux faire d'autre que de laisser tomber...

22 H 33

Tout le monde est déjà au lit, semble-t-il, parce que nous ne sommes accueillis que par une lampe allumée dans l'entrée.

— Tu veux qu'on aille sous la pergola pour continuer de *chiller* ? propose Gino.

Surprise !

(Il est peut-être enfin en train de se dégeler, mon Jello, heu, je veux dire mon Gino ! 😂)

— J'aimerais bien, oui, me réjouis-je.

Hélas, mes espoirs sont rapidement réduits à néant par la voix de sa mère.

— Gino, Juliette, c'est bien vous ?

— Oui, m'man.

— Vous vous êtes bien amusés ?

— Ouiii, répondons-nous en chœur.

— Bien, alors allez vous coucher maintenant.

— On pensait plutôt passer un petit moment sous la pergola pour continuer à discuter, répond Gino.

— Vous discuterez demain. Je ne veux pas que vous risquiez de réveiller Manolo. Il se lève tôt le matin et il a besoin de repos.

À mon grand déplaisir, Gino cède immédiatement à la demande de sa mère.

— D'accord, m'man. Pas de problème !

Se retournant vers moi, il dit :

— Bonne nuit alors, Jules. On se reprend demain, peut-être bien.

— De toute façon, je tombe de sommeil, réponds-je, furieuse, avant de le planter là pour gagner en hâte la chambre de Keikilani.

Dimanche 18 août

8 H 45

Le soleil s'est à nouveau levé dans un ciel sans nuages, et le chant des oiseaux me semble être un bon présage. Mon petit-déjeuner avalé, je me prépare pour la journée. Tous les dimanches matin, Leilani emmène Keikilani à ses cours de danse. D'après la tante de Gino, à peu près toutes les petites filles de l'île sont inscrites à ce type de cours qui fait partie de l'apprentissage culturel des Hawaiiens. Elle a pensé que ça nous amuserait, Gino et moi, de l'accompagner. Mais mon ami a décliné, tandis qu'Eva a insisté pour venir à sa place. J'avoue que ça me soulage. J'aimerais par-dessus tout apprendre l'art du *hula* et j'espère qu'on me permettra d'assister au cours. En même temps, la perspective de m'exercer sous le regard bizarre de Gino ne me réjouissait pas tellement.

Avec Eva, ce sera moins intimidant… et je pourrai danser à loisir sans penser à autre chose.

L'école est située à Wailuku, c'est-à-dire dans la plaine centrale de l'île, à environ trente minutes de la maison, et le cours est à dix heures. J'ai amplement le temps de me préparer puisque j'ai pris mon petit-déjeuner avec les enfants, c'est-à-dire aux aurores. Je préfère rester dans ma chambre d'ici là. Je vais me faire un masque de beauté, tiens. Et naviguer un peu sur Internet, histoire de voir ce qui se passe du côté de Québec, ces jours-ci.

9 H

Pour espérer avoir une belle peau, il ne faut surtout pas négliger de lui prodiguer les soins particuliers qu'elle mérite. Ma mère prétend que toutes ces crèmes et masques de beauté n'agissent qu'en superficie et n'ont d'autre efficacité que celle d'enrichir les grandes marques de cosmétiques. Moi, je dis que pour combattre les comédons, les affreux boutons et les pores qui se relâchent, il faut prendre les grands moyens. Pas question de laisser faire la nature et d'avoir un jour l'air de ma mère ! J'applique donc un patch anti-comédons sur le bout de mon nez avant d'étaler une couche épaisse d'un masque à l'argile verte. Je m'essuie ensuite soigneusement les doigts avec un mouchoir en papier. Il s'agit de laisser agir et, dans vingt minutes, adieu impuretés et excès de sébum !

Maintenant, voyons voir ce qui se dit sur Instagram. Tiens, tiens ! Il semblerait que Laurence Brasset et son petit ami, Jared Janzen, soient allés faire du kayak ensemble sur le lac Saint-Charles hier après-midi. Ils ont l'air tellement amoureux ! Je les envie. Oh ! Gina a publié des tas de photos d'elle en train de se faire bronzer sur le bord de la piscine. Cool ! Son nouveau maillot lui va super bien ! Quant à Émilie et Erika, elles se sont appliqué de faux tatouages sur les pieds et les mains. Des fleurs de toutes les couleurs de l'arc-en-ciel. C'est une idée qui mérite d'être essayée. Je me demande ce que Gino en penserait…

Assise en tailleur sur le lit, le dos tourné à la porte et penchée sur mon iPad, je n'entends pas qu'on entre discrètement dans la chambre.

— Hum, hum ! toussote une voix pour attirer mon attention.

Je me détourne en sursautant.

— Que…

— Aaaah !

Il a laissé échapper le même type de cri d'effroi que s'il venait de se trouver nez à nez avec une bête. (Tu vois ce que je veux dire ? En ce qui me concerne, je réserve ce genre de cri aux occasions où je tombe nez à nez avec une araignée. Mais, ça, c'est une autre histoire. 😝)

— Mais qu'est-ce que tu as sur la figure ? fait Gino, l'air du gars qui a eu la peur de sa vie.

— Que veux-tu dire ?

Puis, soudain, je me souviens et porte la main à mon visage. *OMG !* 😕

9 H 10

Remis de sa surprise, Gino se reprend :

— Euh ! Excuse-moi de te déranger. Mais oncle Manolo vient de téléphoner. Il prévoit de prendre congé demain et il offre de nous emmener visiter le parc national des volcans en hélicoptère. Qu'en penses-tu ?

— Vraiment ? Wow ! C'est formidable.

Sans plus me soucier de mon allure, je lui fais mon plus beau sourire. Mais il ne me le rend pas… (Quel déplorable sens de l'humour !)

— Euh, tu auras le temps de… d'enlever cette chose, non ?

Il montre ma figure du doigt.

— Bien sûr, gros bêta ! Qu'est-ce que tu crois ?

— Qu'est-ce que c'est, au fait ?

— Un masque de beauté.

— Ah bon !

La mine aussi étonnée que sceptique, il ne fait pas d'autre commentaire et enchaîne :

— Tu veux qu'on fasse quelque chose rien que nous deux aujourd'hui ? On pourrait aller à la plage.

J'hésite avant de répondre. Il est clair que j'aimerais bien, oui. Enfin ! Par contre, je me suis déjà engagée à aller avec Eva, Leilani et Keikilani et j'aimerais beaucoup prendre une leçon de *hula*. (Tu ferais quoi, toi ?)

— J'aurais bien aimé, m'excusé-je, mais je me suis déjà engagée avec ta tante, ta mère et ta cousine, tu te souviens ?

— Elles ne tiennent peut-être pas tant que ça à ta présence. Je suis certain qu'elles ne seraient pas fâchées que tu les laisses tomber.

Je ne sais pas trop pourquoi, mais sa remarque me pique au vif. J'aurais préféré qu'il trouve un argument plus convaincant. S'il pense que je vais laisser tomber une activité qui m'intéresse rien que parce que Môssieur s'aperçoit enfin que j'existe ! 😐

— Peut-être bien, mais moi, j'ai vraiment envie de les accompagner.

— Ah bon, d'accord.

Sans insister ne serait-ce qu'une petite seconde de plus, il tourne brusquement les talons et quitte la pièce, ne se donnant même pas la peine de refermer la porte.

Grrr ! Les garçons peuvent parfois être de vrais mufles sans psychologie ! De plus, ce type n'a décidément aucun sens de ce qu'est la diplomatie !

Si je n'avais pas eu cette mauzusse d'idée de me faire un masque aussi ! Ne me reste plus qu'à aller dans la salle de bain pour enlever tout cela. ☹

10 H

La pratique du *hula* (à ne pas confondre avec le *hula hoop* où l'on fait tourner un cerceau autour de sa taille 😂) est aussi vieille que l'histoire d'Hawaii, paraît-il. D'après ce que j'ai compris, il semble surtout que cette danse ait joué un rôle primordial dans la préservation et la transmission des traditions et de la culture de l'archipel.

— Le *hula* est un mode de vie, avance la directrice de l'école à qui Eva et Leilani expliquent que j'aimerais me joindre au cours. C'est l'âme de notre peuple et c'est pourquoi nos cours ne sont pas donnés à tout le monde. Il ne s'agit pas d'un vulgaire divertissement pour touristes en mal d'exotisme.

— Ça veut dire oui ou bien non ? demandé-je, perplexe, à l'intention d'Eva.

— Je crains malheureusement que cela veuille dire non, répond-elle, consternée.

Mais c'était sans compter sur la détermination et le caractère bien trempé de Leilani, qui se met à argumenter à toute vitesse dans sa langue. À la façon dont le ton monte, je comprends que les deux femmes échangent des points de vue on ne peut plus opposés. Vont-elles en venir aux mains ? Soudain, Keikilani s'immisce dans la conversation entre les deux femmes. Sa petite voix ne tarde pas à les calmer. Je ne sais pas ce qu'elle leur dit, mais le visage de sa mère et celui de la directrice s'adoucissent aussitôt.

Puis la dame se tourne vers moi et, à mon grand étonnement, elle me fait signe d'entrer dans le gymnase avec la petite. Qu'est-ce que Keikilani a bien pu dire ? Comme si elle avait deviné ma pensée, cette dernière me prend par la main pour m'entraîner avec elle et, avec un sourire, m'explique :

— *I said you are my cousin*[1].

— Quoi, c'est tout ?

---

1. — Je lui ai dit que tu étais ma cousine.

J'ai du mal à croire que cet argument ait eu suffisamment de poids pour faire changer cette femme d'avis...

— *Ohana! Family is everything for the Hawaiian people*[2], ajoute sa maman en me souriant également.

Ah bon! 😮 Cool! ☺

10 H 10

Les mouvements de base de la danse sont relativement simples, du moins selon la jeune fille qui donne le cours. Le hic, à mon avis, c'est que cette apparente facilité augmente considérablement le coefficient de difficulté, justement... Je m'explique: pieds nus face à un miroir (le *hula* se danse obligatoirement pieds nus), il faut tout d'abord écarter les pieds d'environ dix ou douze centimètres l'un de l'autre, fléchir très légèrement les genoux, plier les coudes et venir poser les poings en appui sur les hanches.

Jusque-là, ça va. On est d'accord.

Ensuite, il faut faire deux pas d'environ vingt centimètres chacun vers la droite, faire une pause,

---

2. — *Ohana!* La famille représente tout pour les Hawaiiens.

(*Ohana* signifie « famille » en hawaiien.)

genou droit légèrement fléchi, et changer de direction pour revenir avec deux pas d'égale largeur vers la gauche, et faire à nouveau une pause, genou gauche légèrement fléchi. La pause me fait un peu penser à celle que prennent les mannequins de mode lorsqu'ils défilent sur les podiums, alors tout continue de bien aller.

Ça se corse ici, par contre :

— *As you step to the right, lower your foot toe-heel and lift the opposite hip. Repeat with your left foot and hip,* fait la prof. *Sway right, then left, right again, and then, left again. Repeat to the left side*[3] *!*

— Hein ? 😮

À ma grande surprise, j'ai de la misère à suivre, là. Je suis désorientée. Je vais à gauche tandis que le groupe va à droite et à droite lorsque le groupe va à gauche. De plus, côté mouvement des hanches, je suis aussi gracieuse qu'un ours polaire en tutu. Ce miroir est impitoyable. Misère ! (Ne ris pas ! 😐)

Bien que tous ces mouvements aient l'air parfaitement simples et naturels lorsqu'ils sont exécutés par les jeunes filles du cours, il n'en est

---

3. — En allant vers la droite, posez votre pied, orteils en premier, talon ensuite, et levez la hanche opposée. Balancez vos hanches vers la droite, puis la gauche, la droite encore et la gauche à nouveau. Répétez du côté gauche !

rien pour moi, je t'assure ! Je m'enfarge dans mes propres pieds et on dirait que j'ai vingt orteils au lieu de dix !

Dans un effort désespéré pour me reprendre, je tourne la tête en direction de Keikilani qui est à côté de moi. Avec autant d'adresse qu'une déesse miniature, elle ondule des hanches exactement dans la bonne direction, sans manifester la moindre hésitation. Cette enfant a cinq ans et moi treize, bientôt quatorze. La honte !

—*Keep your knees bent. It helps your hips sway*[4], me dit-elle avec un clin d'œil, tout en continuant de danser au son du ukulélé.

Bon, heureusement, nous voici revenues à la position de départ. Oh ! Mais voilà que ça recommence et avec les bras et les mains en plus cette fois :

—*Bend your left arm, so your hand is in front of the left side of your chest, palm facing down, fingers gently extended*[5], ordonne la prof.

Ouf ! jusque-là, j'y arrive ! ☺

—*Extend your right arm away from your body at shoulder level and keep your elbow slightly bent, your palm down and your fingers together*[6].

Ça va toujours ! ☺

Mais soudain, oups ! Ça se gâte encore et réellement, cette fois ! Les déplacements de pieds reprennent et il faut les coordonner avec les mouvements de bras. Ayoye ! ☹

---

4. — Garde les genoux fléchis. Ça aide tes hanches à onduler.
5. — Pliez votre bras gauche, coude levé, de façon à ce que votre main gauche se place devant le côté gauche de votre poitrine, paume vers le bas, doigts légèrement écartés.
6. — Étendez à l'horizontale votre bras droit, le coude légèrement plié, la paume de la main vers le bas également, les doigts ensemble.

— *Without letting your left arm touch your chest, bend your elbows and wrists so they are swaying, in a wave motion*[7].

Et lorsqu'il faut passer de la droite à la gauche, je perds tout sens de l'orientation !

— *On the first step to the left, switch so the left arm is extended and the right arm is in front of your right breast*[8].

Au secooouuurs ! Imperturbable et totalement indifférente à mon désarroi, la prof poursuit son cours sans s'arrêter. Mes bras s'entremêlent comme si j'en avais huit au lieu de deux, telle une araignée. J'ai l'impression d'être à la danse hawaiienne ce qu'une patate en robe des champs est à la fine cuisine… Je suis N-U-L-L-E !

10 H 35

À quelle heure se termine ce cours, déjà ? Je crois que nous en avons pour une heure trente. Ça veut dire qu'il reste… cinquante-cinq minutes !

---

7. — Avec le bras gauche, sans toucher à votre poitrine, pliez légèrement le coude et le poignet et ondulez-les de façon à imiter un mouvement de vague.
8. — Au premier pas vers la gauche, refaites le même mouvement avec le bras gauche étendu et le droit plié sur la poitrine.

Mon Dieu, abrégez mes souffrances ! Faites que l'alarme d'incendie se déclenche par erreur et qu'on nous évacue d'urgence ! Ou encore que les toilettes débordent ou que la prof soit prise d'une crise d'éternuements !

11 H 15

Tu ne me croiras pas, mais à la minute où j'ai lâché prise et cessé de vouloir imiter parfaitement Keikilani et les autres fillettes, on dirait que j'ai commencé à m'améliorer. 😮 Au fur et à mesure que le cours avance, maintenant, je me détends, mon corps est moins raide, mes mouvements sont plus fluides. Je me surprends même à éprouver du plaisir ! Génial ! ☺

11 H 35

— Alors ? Tu t'es amusée ? demande Eva qui a attendu à l'extérieur avec Leilani.

— C'était FAN-TAS-TIQUE !

— *She learned so fast. It's astounding*[9] *!* me complimente Keikilani.

☺

---

9. — Elle a appris tellement vite. C'est étonnant !

Leilani offre de profiter du fait que nous sommes à Wailuku, qui est un peu le centre administratif et d'affaires de l'île, pour nous emmener manger dans un restaurant asiatique peu connu des touristes et généralement fréquenté par les travailleurs et les gens du coin. Les influences de tous les peuples venus vivre à Hawaii se retrouvent dans sa cuisine. Ça, l'oncle Manolo me l'avait déjà signalé. On offre partout des hamburgers américains (bien sûr), ainsi que des tacos mexicains, de la saucisse portugaise et de la pizza. Mais ce qui est le plus visible, c'est vraiment la cuisine asiatique. Tous les dix mètres, il y a des enseignes de restos chinois, japonais, thaïlandais, philippins, vietnamiens et coréens. C'est fou ! Partout, on nous offre des *Poke bowl* ou le *plate lunch*, qui réunit dans une assiette toutes sortes de préparations allant du bœuf à la sauce teriyaki aux sushis.

La tante de Gino nous conduit au Saigon Cafe[10]. Après avoir longuement regardé la carte, j'ose commander des rouleaux de printemps et une soupe pho (la soupe nationale vietnamienne). Eva choisit pour sa part des nouilles de riz sautées au

10. Saigon est une ville du sud du Vietnam mieux connue aujourd'hui sous le nom de Hô Chí Minh-Ville.

wok avec des crevettes et des légumes, tandis que Leilani et Keikilani optent pour la variante au tofu.

Nous rions beaucoup et j'apprécie ce moment passé entre filles. Par contre, ça me plaît un peu moins que Leilani et Keikilani ne puissent s'empêcher de me taquiner concernant ma relation avec Gino.

— C'est ton amoureux, n'est-ce pas ? s'enquiert avec curiosité la fillette.

Je rougis comme un camion de pompiers.

— Oui, fais-je, espérant abréger l'interrogatoire.

— Tu en as de la chance ! Il est si beau ! ajoute-t-elle. Je suis amoureuse de lui, moi aussi…

À voir la façon dont ça se déroule pour moi, elle risque de pouvoir le garder totalement pour elle, pensé-je avec une soudaine tristesse. Et puis non ! C'en est assez de mes jérémiades au sujet de l'attitude de Gino ! Je prends une décision solennelle. Qu'il fasse comme bon lui semble. En ce qui me concerne, je ferai tout pour faire de ce voyage une réussite et pour profiter de chaque moment de mon passage ici, à Hawaii, quelle que soit l'attitude de mon copain ou l'intérêt qu'il me manifeste ou pas. Parole de Jules !

22 H

De retour à Kihei, nous avons passé le reste de ce dimanche à jouer à des jeux de société. Curieusement, ça m'a fait chaud au cœur d'être en famille ! C'est tellement différent de mes soirées pyjama devant la télé avec maman. Plus tard, Arielle, Alexis et leurs parents se sont joints à nous et nous nous sommes tous amusés comme des petits fous !

Je me surprends moi-même. Cette vague de bonheur semble prendre sa source dans ma décision solennelle de cesser d'attendre après Gino et de profiter du moment présent avec tout ce que cela implique. Maman serait fière de moi, je crois. Je m'endors en rêvant que je suis une fabuleuse danseuse étoile de *hula*, que des centaines de milliers de spectateurs m'applaudissent lors d'une triomphante tournée à travers le monde pendant laquelle je fais la brillante démonstration de mon talent et de mon indépendance…

Lundi 19 août

10 H

C'est une splendide matinée, le soleil et les oiseaux me font de l'œil et je suis trop heureuse d'avoir l'occasion de voler à nouveau avec l'oncle Manolo ! En particulier parce que seuls Gino et moi sommes partants. Au petit-déjeuner, Eva a dit qu'elle préférait aller au centre commercial pour magasiner des souvenirs, tandis que Leilani devait se rendre à son travail. Nous avons donc mis le cap sur l'aéroport après avoir déposé les petits à leur camp de canoë.

Gino et moi avons pris place à l'arrière de l'hélicoptère, côte à côte. Je me demande si c'est difficile à piloter, un hélico… Y arriverais-je si j'en avais le désir ? Vu la taille de l'engin, ça n'a pas l'air trop difficile. Enfin… tout est relatif, je le sais bien.

— Dis-moi, oncle Manolo, ça prend de bonnes notes en maths pour être admis dans une école de pilotage ?

— Absolument !

Oh ! Voilà qui me déçoit quand même un peu parce que ce n'est pas ma matière la plus forte en ce moment... ☹

— Tu étais bon en maths, toi ?

— À l'origine, pas du tout. Mais je voulais tellement devenir pilote que je me suis mis à travailler comme un fou pour m'améliorer. C'en est devenu une obsession. Je m'obligeais à faire des exercices tous les soirs et toutes les fins de semaine. J'ai commencé à comprendre de mieux en mieux, à trouver cela de moins en moins ennuyeux et, un jour, j'ai réalisé que j'adorais résoudre des problèmes compliqués. Que j'adorais les maths !

— Pas possible !

Il me sourit de toutes ses dents.

— Puisque je te le dis.

Ça alors ! Comme Gino.

— Tu n'es pas si mauvaise que ça, remarque ce dernier. Le problème, c'est que tu n'es pas très assidue en classe à cause des voyages que tu fais avec ta mère. Je suis persuadé que si tu t'y mettais sérieusement l'automne prochain, tu pourrais t'améliorer grandement. Tu réussis toujours tout ce que tu entreprends.

J'ai les yeux écarquillés par la surprise. Voilà que Gino me complimente ?

— Tu veux venir t'installer à l'avant à côté de moi ? propose Manolo.

— Quoi ? 😮

— Tu pourrais me servir de copilote.

— Je ne pourrai jamais...

— Pourquoi pas ?

Mon visage s'embrase, comme une forêt de pins dans laquelle on aurait lancé une allumette après des semaines de sécheresse. À nouveau, Gino intervient :

— Allez, profite de l'occasion. Qui sait si tu n'auras pas la piqûre, toi aussi.

Je ne réfléchis qu'un quart de seconde avant de me lever.

— D'accord !

Je m'installe à gauche de l'oncle Manolo. Le pilote prend en effet place à droite plutôt qu'à gauche. (Comme dans les voitures anglaises[1]. ☺)

Le tableau de bord est super impressionnant : partout il y a des cadrans, des instruments de mesure, des interrupteurs et des boutons divers.

---

1. As-tu lu *Juliette à Londres* ?

— Tu vois, ici, ce sont les commandes, dit Manolo en montrant deux espèces de barres. Celle à ma gauche, qui ressemble un peu au frein à main d'une voiture, s'appelle le "collectif". On le manœuvre de la main gauche. Il faut le lever pour faire monter l'appareil et le baisser pour redescendre.

— Ah bon !

— Cet autre ici, qui ressemble à un *joystick* de jeu vidéo, s'appelle le "cyclique", poursuit-il en montrant la barre placée entre ses jambes. On le manipule de la main droite et il permet d'avancer et de reculer.

— Hum.

C'est comme s'il y avait deux volants plutôt qu'un seul.

— Enfin, ces pédales à mes pieds s'appellent le "palonnier". C'est ce qui contrôle la direction que prend l'appareil. En appuyant lentement vers la droite, je fais pivoter le nez vers la droite, et vice versa. Tu comprends ?

— Euh... oui.

Une chose est certaine, piloter cet engin requiert un minimum de coordination puisque l'utilisation des deux pieds et des deux mains est nécessaire en même temps...

— Je t'avais dit que c'était facile. Prête, mon copilote ?

— Prête ! ☺

10 H 30

Voler offre une vision du monde totalement inédite. Du haut des airs, les petits tracas du quotidien et les banales contrariétés semblent soudain insignifiants. Tandis que mon regard embrasse montagnes et vertes vallées, je réalise que ma respiration se fait plus profonde et que le bien-être m'envahit. La terre est si belle !

— Tu veux tenir le cyclique ?

— Sans blague, je peux ?

— Bien sûr. Allez, place ta main ici, sous la mienne. Je vais t'aider. N'aie pas peur.

OMG ! Si ma mère et Gina pouvaient me voir ! Je vis un moment de pur bonheur ! Je voooole !!!

À l'instant, nous survolons l'Haleakalā, le point culminant de Maui qui se trouve surtout être un volcan endormi depuis des siècles, surmonté d'un vaste cratère. Tout en noir et rouge, le paysage est lunaire, presque irréel. J'ai l'impression d'être une astronaute en orbite ! Malade !

Pour le plaisir de nos yeux, Manolo nous propose un parcours permettant d'abord un rapide survol de toutes les îles de l'archipel. Il y en a dix-neuf et elles sont aussi vertes et belles que des émeraudes dans un écrin de velours bleu. Certaines sont si petites que l'on parle d'atolls ou de récifs plutôt que d'îles. D'autres sont privées, c'est-à-dire qu'elles appartiennent à des personnes ou à des compagnies, et on ne peut les visiter sans invitation. Enfin, plusieurs sont simplement inhabitées et ont été déclarées réserves naturelles. Nous passons un long moment au-dessus des gratte-ciel d'O'ahu, la plus peuplée de toutes les îles, celle où se situe la capitale de l'État d'Hawaii, Honolulu. Puis nous mettons le cap sur Big Island où se trouve le parc national où nous devons atterrir.

—Voilà le Mauna Loa, le plus gros volcan du monde, et le Kilauea, juste en contrebas! fait Manolo, en pointant les montagnes à l'horizon.

—Gino me les a montrés lorsque nous sommes arrivés.

—J'ai reconnu Kilauea à son panache de fumée, ajoute modestement Gino.

Le fameux volcan qui abrite la déesse dont Leilani craint tellement la colère… pensé-je.

—N'est-il pas dangereux de nous en approcher davantage? demandé-je, en remarquant que mon cœur bat plus vite.

—Absolument pas, répond Manolo.

— Mais il est en activité ou pas ?

— Il l'est, répond l'oncle, laconique.

— On dit même qu'il s'agit du volcan le plus actif au monde, renchérit Gino.

— En même temps, ce volcan est tout ce qu'il y a de plus pépère, ajoute Manolo. Être en activité ne veut pas nécessairement dire exploser et lancer des projectiles sur la population tous les jours. La lave du Kilauea s'écoule tout doucement du côté de la mer sans déranger personne et, la plupart du temps, il ne fait que nous envoyer un peu de fumée. Il est en éruption de façon presque ininterrompue depuis 1983, mais la dernière alarme, sans compter la broutille d'avant-hier, remonte à 1989. Les gens ont cessé d'y penser. De toute façon, s'il fallait qu'on se prenne la tête avec la possibilité de mourir lors d'une éruption volcanique, personne ne se serait jamais installé sur aucune île volcanique. La nature humaine est ainsi faite qu'elle préfère ne pas savoir et compter sur la chance.

Ouais, il est vrai que les années 1980, ça remonte à vraiment très, très loin !

— Le volcan fait l'objet d'une surveillance constante de la part des scientifiques qui ont installé l'Observatoire volcanologique d'Hawaii, juste à côté de la caldeira. Ces gens-là disposent d'une panoplie d'instruments de mesure pour pouvoir prévoir les catastrophes. Il y a des volcanologues, bien sûr, mais aussi des sismologues, des géophysiciens et des géochimistes.

— Ah oui ! s'intéresse Gino.

— C'est quoi une caldeira ? m'informé-je.

— C'est le grand cratère que l'on trouve au sommet des volcans. Tu sais, comme un grand trou de cheminée.

— J'ai déjà vu ça dans un livre, oui. C'est de ce trou que s'écoule la lave ?

— Pas nécessairement. La fissure d'avant-hier venait de plus bas.

— Et la fumée ?

— Elle s'échappe par le Pu'u O'o. C'est un cratère secondaire, situé du côté de la mer. Tu as peur ?

J'hésite un peu avant de répondre. Dois-je avouer la vérité à Manolo, et devant Gino ?

— Un peu…

— Il n'y a pas de raison, je t'assure. Il y aura foule sur le site, d'ailleurs. Heureusement que nous sommes lundi. Les autres jours, je vous assure qu'on se marche vraiment sur les pieds. Les touristes déferlent en abondance dans ce parc, toute l'année !

— La preuve qu'il n'y a aucun problème de sécurité, ajoute Gino, c'est qu'il leur est permis de monter jusqu'au cratère principal.

— C'est vrai, renchérit Manolo. Avec les enfants, nous y sommes encore venus fin juin, et plus d'un million de personnes passent ici chaque année.

😛

Après un moment d'hésitation, je souris.

— J'aimerais bien avoir cette chance, moi aussi !

L'oncle de Gino me sourit.

— Ça tombe bien puisque ça fait partie de mon plan pour la journée.

11 H

Nous commençons notre descente vers le Hawaii Volcanoes National Park, et je suis finalement très excitée. J'ai d'abord cru que nous allions atterrir au beau milieu d'un désert de lave durcie avant d'apercevoir un certain nombre de bâtiments, puis j'ai vu la route panoramique faisant le tour du cratère et, à son extrémité, un immense stationnement rempli de voitures. Ils sont fous, ces Hawaiiens ! 😲

— C'est le Volcano Highway, commente Manolo. On l'appelle aussi la Hawaii Belt Road.

Au bout de la route, après le stationnement, il y a une petite piste d'atterrissage pour hélicos. Elle a sans doute été aménagée pour les besoins du centre d'étude en volcanologie.

La foule est dense et ce bon vieux volcan a l'air de vouloir se tenir tranquille, comme pour donner une chance à tout le monde de venir lui faire un petit coucou. Je respire. Un mince filet de fumée mis à part, on ne voit pas la moindre trace d'activité suspecte à l'horizon.

Et puis, une fois sur le plancher des vaches, je ne suis pas mécontente d'avoir l'occasion de me dégourdir un peu les jambes. Il faut dire que le bruit du moteur de l'hélico peut aussi devenir éprouvant, à la longue.

Mon enthousiasme surpasse toutes mes craintes. C'est la première fois que j'aurai l'occasion de voir un véritable cratère de volcan de près. Wouhooou !

Heureusement que nous avons troqué nos sandales de plage pour des espadrilles, parce qu'il ne fait pas chaud en altitude ! De plus, Manolo nous avait bien recommandé d'enfiler nos vestes en laine polaire et j'ai même pris une longue écharpe, au cas où.

11 H 11

Comme l'avait prédit notre hôte, beaucoup de monde circule dans tous les coins. Avec pas moins de quatre gros autobus qui attendent leurs passagers et une centaine de voitures stationnées, il y a peu de chance que nous soyons seuls dans les sentiers de randonnée ! Nous commençons notre visite par un tour au centre d'accueil des visiteurs où un très aimable guide bénévole nous offre gracieusement une carte des environs et nous renseigne sur la qualité de l'air d'aujourd'hui (pas optimale, mais okay) et sur l'état des divers sentiers et belvédères. Il nous recommande aussi de regarder où nous mettons les pieds et de ne surtout pas sortir des sentiers balisés.

Comme Gino pose des questions sur la fissure toute récente, l'homme dit que ce n'est rien. Ensuite, il s'emballe et nous raconte comment, en 1959, lorsque le Kilaueu Iki (le « petit Kilauea ») est entré en éruption pour cinq longues semaines, une fontaine de lave d'un demi-kilomètre de haut, projetant deux millions de tonnes de lave à l'heure, a illuminé le ciel nocturne de son village et rempli le cratère de roche en fusion bouillonnante. Rien d'aussi inquiétant cette fois-ci, d'après lui. 😛

Rassurés par ces informations, nous mettons le cap sur la Crater Rim Drive, un sentier de randonnée qui contourne la caldeira.

— On ne ferait pas mieux d'aller plus bas ? demandé-je à Manolo, un peu effrayée à l'idée d'approcher de trop près la cheminée.

— Il y a deux cent quarante kilomètres de sentiers par ici. Je ne pense pas que nous aurons le temps d'aller bien loin aujourd'hui, répond-il en riant. Je propose de marcher un kilomètre ou deux sur la Crater Rim Drive. J'aimerais vous montrer un petit musée et une autre chose un peu plus loin. On y va et on revient, d'accord ? S'il reste du temps, nous descendrons.

— D'accord, balbutié-je.

Et il veut en plus nous emmener voir un musée. Grrr !

— Il y aura aussi un endroit où nous pourrons pique-niquer, ajoute-t-il avec un clin d'œil.

Comment a-t-il pu deviner que j'aimais autant manger ? Eva nous a préparé de quoi nourrir une armée entière et j'ai déjà l'eau à la bouche rien que d'y penser ! ☺

11 H 30

Autour de nous, le paysage est… lunaire. Sous nos semelles, le sol est constitué de roche volcanique rouge ou noire, c'est-à-dire de lave qui s'est durcie des dizaines, voire des centaines d'années après les diverses éruptions. Nous sommes sur le territoire de Pélé, déesse du feu et des volcans. J'ai presque le sentiment d'être une intruse.

Après une quinzaine de minutes, nous circulons sur une promenade en bois qui serpente entre des murailles rocheuses arborant des teintes de vert, de jaune, d'orange et de bleu psychédéliques. Wow ! On dirait de la pierre précieuse.

— C'est magnifique !

— Génial ! renchérit Gino.

— Voilà environ cinq cents ans, raconte Manolo, le sommet du Kilauea s'est effondré vers l'intérieur, laissant échapper des quantités astronomiques de gaz. Ces gaz, en se solidifiant, ont formé ces murailles multicolores.

Il est capable du meilleur comme du pire, ce volcan, pensé-je. Je n'ai pas les yeux assez grands pour tout voir. Cet endroit est magistral ! Toutes ces couleurs et ces textures ; jamais je n'aurais pu imaginer à quel point c'est beau !

Plus loin, le paysage change du tout au tout, laissant place à… la jungle. Les plantes envahissent le sentier et il y a une multitude d'oiseaux perchés sur toutes les branches d'arbres. Je crois rêver tout éveillée.

12 H 10

Après quarante-cinq minutes de marche dans ce décor surréaliste, nous parvenons à l'entrée principale du Jaggar Museum, notre destination d'aujourd'hui. Le petit musée géologique propose une seule salle. On y trouve des sismographes, qui enregistrent en temps réel l'activité sismique du parc, ainsi qu'une zone où sont relatées l'histoire et la mythologie propres aux premiers habitants d'Hawaii. On y explique notamment que les éruptions volcaniques seraient, selon le mythe, déclenchées par de violents coups de bâton porté au sol par la déesse Pélé chaque fois qu'elle est en colère. C'est pour lire cela que nous avons marché jusqu'ici ? Je ne peux pas le croire. Une autre section est consacrée à la géologie avec en démonstration des spécimens représentant les types de lave. Bof ! Jusque-là, il n'y a rien que je n'aie déjà appris ces jours-ci, sinon que je commence à comprendre que toutes ces légendes de Pélé et compagnie ne sont, au fond, qu'une façon pour la population locale de donner un sens à des phénomènes géologiques complexes et porteurs de souffrance. Les éruptions volcaniques peuvent être d'une telle violence et avoir de si tristes conséquences qu'il a bien fallu les expliquer pour arriver à leur survivre…

— C'est tout ce que tu voulais nous montrer ? demande Gino, la mine aussi déçue que moi.

— Pas tout à fait, répond Manolo, avec un clin d'œil. Suivez-moi, c'est l'heure de pique-niquer !

12 H 30

Le panorama qu'offre l'immense terrasse de pierre à l'arrière du musée est le secret le mieux gardé des environs ! Ooooh ! Je tombe presque à la renverse lorsque je réalise qu'il s'agit en fait d'un observatoire doté d'un point de vue unique sur le cratère principal du Kilauea, le Halema'uma'u Crater, refuge de la légendaire Pélé !

13 H

Rien n'est comparable à l'observation en direct d'un cratère rempli de lave bouillonnante en train de projeter dans le ciel une colonne de vapeur tourbillonnante.

— Malade ! commenté-je, en plantant mes dents dans un sandwich jambon-moutarde-fromage-mayonnaise.

Un peu remise du choc, j'ai maintenant le regard scotché sur l'horizon et mon imagination s'enflamme en pensant aux possibles griefs de la colérique déesse. Ce n'est pas que je croie moi-même à ce type de légendes extravagantes, mais… on ne sait jamais, comme dit ma mère. Les gens vont et viennent, prennent des photos et circulent sans crainte apparente. Quelle belle insouciance, quand même ! Avoue qu'il y a quelque chose de formidablement téméraire chez tous les gens qui se trouvent ici aujourd'hui. La nature humaine est ainsi faite qu'elle s'entêtera constamment à braver les éléments, semble-t-il. Reste à espérer que rien ni personne ne vienne altérer l'humeur de la belle déesse et lui donner envie de se mettre à donner des coups de bâton… Miam ! Ce sandwich est décidément le meilleur que j'aie jamais mangé !

— Nous avons quoi pour dessert ? demandé-je.

13 H 30

Au moment de rebrousser chemin en direction du centre d'accueil des visiteurs, je me penche pour ramasser une pierre volcanique de couleur ocre qui ressemble un peu à de la pierre à savon, et une autre, parfaitement noire et aussi lisse qu'un œuf. Juste comme je vais les glisser dans ma poche...

— Ne fais surtout pas ça ! s'écrie Manolo en me voyant faire.

— Pourquoi donc ? Ces galets sont tellement jolis que j'aimerais bien en ramener à la maison. D'autant plus que ça ne coûte rien, alors je pensais en faire cadeau à ma mère !

— Il paraît que ça porte malheur. Tout le monde ici te le dira.

— Oh ! Mais il s'agit d'une superstition, non ?

J'accompagne ma phrase d'un éclat de rire insouciant. D'après ce que j'ai vu depuis mon arrivée, Manolo n'a pas l'habitude d'adopter ce type de comportement irrationnel. N'est-ce pas justement lui qui, il n'y a pas deux jours, qualifiait les croyances de Leilani de sornettes ? 😐

— Peut-être bien, mais on ne sait jamais... réplique-t-il. Ne prends pas de risque et rends à Pélé ce qui lui appartient.

Je ne réponds pas et repose les cailloux sur le sol. Seulement, dès que l'oncle de Gino a le dos tourné, je les reprends et en ajoute même un troisième, rien que pour ma propre collection. ☺

Quelle formidable journée ! Je voudrais qu'elle ne se termine jamais !

14 H

Nous voilà de retour à l'hélico. Gino et moi nous réjouissons de ce que Manolo propose de nous emmener voir une plage sauvage sur l'île de Kaua'i. Yahoooou ! Il est trop cool, cet oncle ! ☺

Au moment où il va mettre le moteur en marche, voilà qu'il reçoit un appel radio. Nous comprenons qu'il échange avec son supérieur qui est à l'aéroport, même s'il a coupé le son dans nos écouteurs pour garder l'appel privé. Mais, attends ! À voir son visage, il se passe quelque chose. En effet, il est tout pâle…

— Des soucis ? demande Gino.

— Il semblerait que des fissures supplémentaires se soient ouvertes dans le flanc du volcan, de l'autre côté, et que des coulées de lave s'en échappent. Désolé, les jeunes, mais je vais devoir vite vous ramener à la maison.

— Oh ! fais-je, la bouche ouverte de stupeur.

C'est bien dommage, pensé-je, mais, en même temps, si de nouvelles fissures se sont ouvertes sur le volcan, et que celles-ci sont susceptibles de se mettre à cracher des projectiles en fusion, il vaut peut-être mieux déguerpir de cette île au plus vite !

— Y a-t-il du danger pour les gens qui restent ici ? s'enquiert Gino, fort à propos.

— Pas vraiment puisque tout ça se passe de l'autre côté de la montagne. L'une des fissures s'ouvre le long de la Lower East Rift Zone, au beau milieu de Veilani Estates, un quartier résidentiel situé à vingt-cinq kilomètres du cratère. Il paraît que c'est la panique là-bas et que les gens essaient désespérément de fuir leurs maisons. Nous devons passer au-dessus de cette zone pour rentrer à Maui. Accrochez-vous, les enfants !

Je porte la main à ma bouche.

— Oh mon Dieu !

— Pauvres gens, fait Gino.

— Je ne sais pas ce qu'il en est exactement, mais lors de l'ouverture d'une fissure, il y a danger d'émanations de dioxyde de soufre, un gaz très toxique. À côté de ça, la petite coulée de lave sur la route, l'autre jour, n'était pas grand-chose, selon mon patron. Tout le monde est bien attaché ? On décolle !

Je remarque que Manolo a serré les dents et que sa main tient si fort le manche que ses jointures en blanchissent. Ça ne me semble pas bon signe du tout…

Mon cœur se serre d'angoisse. Je voudrais déjà être de retour à Maui !

14 H 20

Nous survolons la route qui sillonne le flanc est de la montagne. Je ne peux m'empêcher de regarder en bas et de scruter le paysage mouvant à la recherche de je ne sais trop quoi. Tout d'abord, je ne vois rien, puis j'aperçois une anfractuosité au beau milieu de la route. J'écarquille les paupières et pousse un faible cri qui passe totalement inaperçu au travers du bruit des rotors.

L'asphalte s'est affaissé à cet endroit, et un gigantesque trou béant coupe non seulement le chemin aux voitures, mais a surtout englouti quelques maisons. Une véritable tragédie ! Des larmes silencieuses coulent sur mes joues. Ensuite, mon attention est retenue par une espèce d'épanchement visqueux qui s'écoule du trou béant et continue son chemin à travers le paysage. De la lave ! Une immense et gluante coulée de lave, noire comme de la mélasse. La colère de Pélé ! Je tente de pousser un cri, mais celui-ci reste coincé dans ma gorge. Soudain, les trois cailloux que je cache au fond de ma poche me semblent peser trois tonnes.

Plus loin, trois buttes rougeoyantes retiennent mon attention. On dirait des débuts de feux de forêt. Mais il n'y a pas de forêt dans le coin. Rien que de la pierre volcanique. La vérité se fraye un chemin jusqu'à mon esprit. Je me mets à frissonner. Une véritable vision de l'enfer ! C'est de la lave en fusion projetée depuis les profondeurs du volcan vers le ciel ! 😮 Si les dégâts continuent à s'étendre, le village entier aura disparu demain, et ses habitants aussi ! *OMG !* Il faut faire quelque chose !

— Je crains de ne pas avoir le temps de vous ramener à Maui, avoue l'oncle de Gino, visiblement aux prises avec un cas de conscience. Il y a des vies à sauver de toute urgence là, en bas, et chaque minute compte. Accrochez-vous, on descend !

J'entends un hurlement lorsque nous plongeons tête première, en plein cœur de la tourmente. Je ne saurais dire si j'ai rêvé ce cri ou s'il est réel. S'il s'agit de moi ou de mon imagination affolée.

14 H 30

Nous atterrissons au milieu des cris de panique bien réels de la population du village de Veilani Estates. Coincés, les gens qui n'ont pas eu le temps de s'enfuir par la route voient en notre appareil le seul moyen de s'en sortir vivants. J'ai la gorge si serrée qu'elle me fait mal, mais je ne sais pas s'il s'agit d'empathie ou d'effroi à l'idée que les villageois qui encerclent maintenant l'appareil puissent se saisir de Gino et de moi pour nous jeter dehors et prendre nos places… Il n'y a en effet que cinq sièges disponibles à bord et nous en occupons déjà trois. Comment Manolo va-t-il résoudre ce problème ?

La porte ouverte, alors qu'il se penche au-dessus de la mêlée, je ferme les paupières et me surprends à faire une prière.

14 H 35

— *Please, stay calm. Some more help is coming soon. I'm going to take only children for the moment, but i'll be coming back soon, and more help is on the way*[2], dit posément l'oncle de Gino, en haussant la voix juste assez pour couvrir le tumulte ambiant.

Des femmes tendent leurs bébés dans notre direction en pleurant. Je peux comprendre le

---

2. — Restez calmes, s'il vous plaît. De l'aide supplémentaire va arriver. Je ne vais prendre avec moi que des enfants pour le moment, mais je reviendrai bientôt et de l'aide supplémentaire est en chemin.

déchirement qu'il y a à se séparer d'un enfant de quelques mois seulement. Ceux-ci hurlent de frayeur. La plupart des enfants plus âgés pleurent aussi, d'ailleurs. Le calme et le sang-froid de l'oncle de Gino sont remarquables. Ses gestes sont précis, presque mécaniques. Avant que j'aie le temps de réaliser ce qui m'arrive, il me met un bébé dans les bras. Une petite fille. Elle pleure tellement que je n'ai d'autre idée que de la serrer très fort contre ma poitrine, après avoir ouvert la fermeture éclair de mon chandail en laine polaire pour la tenir au chaud. Tétanisée, je me cale ensuite le plus possible au fond de mon siège. À travers la vitre, j'aperçois la mère qui me supplie du regard d'en prendre bien soin. Je hoche la tête en signe d'assentiment en ébauchant un timide sourire.

— Là, là, n'aie pas peur, murmuré-je à l'oreille du bébé en effleurant de mes lèvres le duvet de son petit crâne. Je suis là et je vais bien m'occuper de toi, jusqu'à ce que ta maman puisse venir nous rejoindre.

Manolo fait ensuite monter deux autres enfants, une fille et un garçon, âgés d'environ sept ou huit ans. Il les installe chacun sur un siège, la fillette à côté de lui, le petit garçon derrière, avec nous. Puis, il referme la porte de l'hélicoptère avec fermeté en criant à la ronde :

—*Don't be afraid. Many other helicopters are on the way. Everything is gonna be alright*[3] !

Je réalise à peine que nous décollons à nouveau. Si je n'avais ce bébé dans les bras, je devrais me pincer pour être certaine de ne pas rêver. En attendant, je suis pas mal occupée. Je commence par essayer de protéger les tympans de l'enfant en mettant mes deux mains de chaque côté de sa toute petite tête.

Quelle horrible journée ! Je voudrais qu'elle soit déjà terminée… ☹

14 H 45

À ma grande surprise, au lieu de s'éloigner du volcan, Manolo se contente de le contourner avant de s'apprêter à atterrir un tout petit peu plus bas, sur un autre flanc !

—Tu ne nous ramènes pas à Maui ? s'étonne Gino.

—J'aurais bien voulu, mais le temps presse et je dois vite retourner là-bas avant que des personnes ne perdent la vie, répond gravement son

---

3. —N'ayez pas peur. Plusieurs autres hélicoptères sont en route. Tout ira bien !

oncle. D'après ce que j'ai vu, d'autres maisons risquent de tomber dans la faille.

—Mais, mais, mais... bégayé-je, incapable d'articuler une autre syllabe.

Nous touchons terre dans une petite vallée verdoyante entourée d'arbres, à mi-chemin de la montagne.

—Je vais devoir vous demander de m'attendre ici tout en prenant soin des enfants, annonce Manolo. Nous reviendrons vous reprendre plus tard. Le plus tôt possible. De plus grands hélicoptères vont bientôt arriver en renfort. Allez, courage ! Juliette, je compte sur toi pour prendre bien soin de ce bébé, d'accord ?

—Quoi ? CO... CO... CO... COMMENT ?

Mon esprit est confus. Je n'ai certainement pas bien entendu. Tout cela ne peut être qu'un affreux cauchemar. Je suis en train de rêver et je vais me réveiller d'une minute à l'autre, en sueur, dans la chambre de Keikilani.

—Il-n'est-tout-de-même-pas-en-train-de-dire-qu'il-va-nous-laisser-ici-au-beau-milieu-de-la-jungle-avec-ces-enfants ? réussis-je à laisser échapper d'un seul jet en me tournant vers Gino, désespérée.

Ce dernier a l'air aussi hébété que moi.

—Je crois qu'il est on ne peut plus sérieux, malheureusement.

— Derrière cette butte là-bas, il y a un refuge, signale Manolo en sautant sur le sol et en tendant déjà les bras aux enfants pour les mettre à terre. Je n'ai pas pu atterrir à côté à cause de la pente abrupte, mais il est bien là.

Il pointe du doigt le toit d'une cabane :

— Les touristes qui font de la randonnée jusqu'au cratère principal ont l'habitude d'y passer la nuit lorsqu'il pleut. Vous y serez en sécurité. Installez-vous du mieux possible et attendez que l'on revienne vous chercher. Avec un peu de chance, vous ne verrez pas le temps passer et je serai de retour avant la fin de l'après-midi. C'est bien compris ?

Il tend à Gino une trousse d'urgence dans un sac à dos et y ajoute une gourde de plastique pleine d'eau. Puis il nous prend tous les deux par les épaules et dit :

— Écoutez, mes grands. Je suis conscient qu'il s'agit d'une énorme responsabilité, mais je ne vous confierais pas cette mission s'il n'y avait pas extrême urgence et que je n'étais pas persuadé que vous en êtes capables. Soyez courageux, donnez l'exemple, prenez soin des plus jeunes et tenez bon. Tout ira bien, je vous le promets.

— Mais non. Je ne veux pas, moi. Je veux rentrer avec toi ! paniqué-je en sentant à nouveau les larmes me piquer les yeux et en tapant du pied.

— Allez, Juliette, montre-moi que tu n'es pas une mauviette !

Il a dit cette dernière phrase en me donnant une tape dans le dos avant de sauter à bord de son hélico dont il a déjà refermé la porte. J'ai le souffle coupé et j'ai du mal à respirer. Il FAUT que je me ressaisisse ou les choses risquent d'empirer. Mamaaan !

14 H 55

La première chose que je fais, c'est de jeter bien loin les foutus cailloux que j'ai dans ma poche. Ce qui appartient à Hawaii doit rester à Hawaii, je l'ai bien compris. Ensuite, je respire un grand coup et essaie de m'éclaircir les idées. Ces trois enfants comptent sur Gino et moi et ce n'est pas le moment de flancher.

Fort heureusement, je sais m'occuper d'un bébé. J'ai déjà eu la charge de jumeaux nouveau-nés ET de leurs deux aînés vraiment turbulents, et je m'en suis fort bien tirée[4]. La petite fille s'est endormie d'épuisement dès que je l'ai prise sur

4. Voir *Juliette à Londres*.

moi. Le problème, c'est que je vais bientôt avoir les bras morts si je ne trouve pas le moyen de la déposer quelque part.

À moins que… J'ai une idée ! ☺ !

— Tu veux bien m'aider, Gino ?

— Bien sûr. Que veux-tu que je fasse ?

— Tiens la petite un moment, le prié-je.

Je retire la longue écharpe qui est autour de mon cou. Ma mère m'a montré comment en faire un porte-bébé en la drapant autour de moi. Je tends la longue bande de tissu autour de ma taille avant de la croiser devant pour la ramener derrière mon dos. Puis je remonte les deux pans vers mes épaules et les laisse pendre de chaque côté de ma poitrine. Je fais un « X » et passe les deux pans sous ma ceinture. Enfin, je refais le tour de ma taille avec les bouts qui restent et j'attache solidement à l'arrière. Facile[5] ! 😄 Il ne reste plus qu'à reprendre le bébé et à l'asseoir à l'intérieur de cette poche kangourou improvisée, face vers moi.

— Génial ! s'extasie mon ami.

Je rosis de plaisir sous le compliment. (Il est vrai que je peux être géniale quand je veux.) ☺

---

5. Attention ! À ne pas essayer sans la supervision d'un adulte.

— Mieux vaut nous rendre au refuge sans tarder, poursuit-il. Si tu es d'accord, bien sûr, ajoute-t-il gentiment. Nous pourrons sans doute nous y asseoir et il sera plus facile de veiller sur les enfants là-bas.

— Tu as raison, acquiescé-je.

Ma main droite soutenant les fesses du bébé, je tends la gauche à l'autre fillette. Gino ferme la marche avec le petit garçon. Quel étrange groupe nous formons !

15 H 05

Alors que nous cheminons à petits pas, une étrange odeur se fraye un chemin jusqu'à mes narines.

— Tu ne trouves pas que ça sent bizarre tout à coup ?

Mon ami se met à renifler comiquement, en plissant le nez.

— Peut-être bien, oui. Tu as une idée de ce que ça peut être ?

— Pas du tout ! Une mouffette ? Des œufs pourris ?

— Hum... Ça sent peut-être le soufre, effectivement. Tu sais, comme lorsqu'on éteint une allumette.

— Ouais. D'où ça vient d'après toi ?

— En écoutant le bulletin de nouvelles télévisé, hier, j'ai appris que la fissure du volcan laissait échapper du dioxyde de soufre qui...

Il n'a pas le temps de continuer, car notre attention est attirée par un bruit encore plus intrigant, voire effrayant.

— On dirait un éboulis, fais-je, en m'immobilisant pour regarder tout autour sans rien voir.

— Vite, crie Gino, courons nous mettre à l'abri dans la cabane.

— Tu crois que c'est une bonne idée ? Je ne vois pas d'où peut venir le bruit.

— En as-tu une meilleure ?

Ignorant la question, je me mets à courir le cœur battant, sans trop savoir quel danger nous fuyons. Gino agrippe les mains des enfants.

— *We have to run. Go, go, go*[6] *!* les exhorte mon ami.

OMG ! Que va-t-il encore se passer ? pensé-je. Et comment diable ai-je pu me mettre une fois de plus dans un aussi extraordinaire pétrin ?

---

6. — Il faut courir. Allez, allez, allez !

15 H 15

Poussant la porte du refuge, nous constatons qu'il est sommairement meublé d'une longue table, de six chaises à haut dossier et d'un banc placé le long du mur. Mon premier réflexe est de pousser deux chaises, leur dossier contre le banc, pour pouvoir y déposer en toute sécurité le bébé que je porte.

— Et maintenant, on fait quoi ?

— Attendez-moi ici. Je vais ressortir et tenter de voir d'où peut venir le bruit, suggère courageusement Gino.

— Je viens avec toi, dis-je.

— Il vaut peut-être mieux que tu restes ici pour garder un œil sur les enfants, proteste mon ami en tentant de se défaire de l'emprise du garçon qui s'agrippe à lui.

À contrecœur, je dois avouer qu'il a raison. Nous en avons plein les bras déjà, c'est le cas de le dire. Je tends la main au gamin apeuré. Il ne faudrait pas qu'un incident fâcheux vienne aggraver notre situation déjà précaire…

Gino dépose son sac à dos sur la table et sort.

15 H 20

Je me trompe ou le bruit se rapproche ? On dirait presque le son d'un ruisseau ou bien celui d'un robinet qui coule abondamment…

Nous n'avons pas aperçu le moindre cours d'eau en survolant la région et nous sommes bien loin de la mer à cette hauteur.

L'horrible vérité se fait lentement un chemin jusqu'à mon esprit. Je la repousse autant que je peux, mais je dois bientôt me faire à l'idée qu'il est fort possible que ce soit…

— JULES ! ! ! hurle mon ami en rouvrant violemment la porte de la cabane. VITE, aide-moi à sortir la table et les chaises. Il faut trouver le moyen de monter sur le toit ! Maintenant !

Rien qu'à l'entendre, je comprends que j'avais raison. J'ai TOUJOURS raison même si, cette fois, j'aurais vraiment voulu que ce ne soit pas le cas !

— La lave ! Une longue coulée de lave est en train de descendre la montagne et elle s'en vient droit par ici ! confirme mon ami.

15 H 30

C'est lors de situations d'urgence que l'on peut mesurer toute la force de notre instinct de survie.

Je ne saurais dire comment nous nous y sommes pris exactement, mais Gino et moi avons mis deux minutes à sortir la table, à y superposer le banc et une chaise, et à y grimper avec les enfants. Heureusement, le toit est plat. Gino l'a escaladé le premier. Ensuite, il a réussi à hisser les deux enfants. Il m'a aidée à monter en dernier avec le bébé. Nous sommes sains et saufs !

— *I'm thirsty !* se met à geindre le petit garçon.

— Le petit est assoiffé. Tu as le sac à dos ? demandé-je à Gino.

— Je l'ai oublié dans la cabane, répond-il en se frappant le front avec la paume de sa main.

J'allais lui répondre de laisser tomber lorsqu'il s'élance vers la chaise posée sur la table.

— Gino ! Reviens ici immédiatement. Je te défends de prendre pareil risque et de me laisser seule ici avec ces enfants !

— Je vais chercher l'eau et je reviens ! T'inquiète !

15 H 31

Jamais minute ne m'a paru aussi longue ! Je compte les battements de mon cœur en essayant de garder mon calme. Gino !

Le voilà qui revient ! Mon héros ! Il tient à la main le sac à dos avec la trousse d'urgence et l'eau.

Il saute presque d'un bond sur la table avant de grimper sur la chaise branlante pour finalement nous rejoindre.

Ouf ! Il était temps parce que nous ne tardons pas à voir débouler près de nous une première vague de lave gluante en provenance de la montagne. Une vision aussi effroyable que fascinante !

Vu de loin, on pourrait presque confondre le magma en fusion avec de la mélasse sucrée... Mais vu de loin seulement parce que, ici, jumelée à la chaleur, l'odeur de soufre est plus écœurante qu'appétissante, je dois le dire ! Tellement écœurante que la nausée ne tarde pas à m'envahir. Mon Dieu, je vais vomir ! Pas devant les enfants quand même !

Soucieuse de demeurer un exemple de zénitude, je ravale le vomi que je sens monter dans ma gorge. ARK-QUE ! Mais c'est peine perdue pour la fillette qui me tient la main... et qui se met à vomir sans retenue, éclaboussant du même coup le bout de mes chaussures.

Oui, je sais. Je suis immensément privilégiée d'avoir la chance de pouvoir autant voyager. T'as raison. Vive la vie de globe-trotteuse. 😝

15 H 50

La matière en fusion s'écoule paisiblement à quelques mètres de notre cabane depuis déjà une demi-heure. Que va-t-il se passer, maintenant ? Le flot brûlant va-t-il se mettre à enfler jusqu'à venir nous lécher les pieds ? Vaut-il mieux rester là à attendre comme des agneaux ou chercher à nous enfuir ? Et pour aller où ? La question se pose. Il est pour le moment impossible de prédire le chemin que risque de prendre la coulée si elle grossit. Elle peut dévier de sa route actuelle à tout moment.

Gino et moi en débattons à voix basse, malgré le fait que les enfants ne comprennent de toute façon pas notre langue. Notre premier souci est d'éviter de les effrayer. S'ils devaient se mettre à paniquer, nous risquerions de perdre tout contrôle sur la situation. Quoique… force est d'admettre que nous ne contrôlons déjà plus grand-chose.

La capacité d'adaptation des enfants et la faculté qu'ils ont de vivre l'instant présent sont admirables. Alors que les deux aînés pleuraient, il y a deux minutes à peine, les voilà qui observent le paysage du haut de notre perchoir. À peine hors de danger, ils patientent. Et pourtant. Peut-être l'un d'entre eux apprendra-t-il, en rentrant, qu'il a perdu un proche. Quelle tristesse ! La vie peut se montrer tellement cruelle parfois. Je voudrais soudain avoir huit ans et non pas treize... Je secoue la tête pour chasser mes idées noires. Heureusement, Manolo ne tardera certainement pas à revenir.

16 H

En attendant, toujours pas la moindre trace d'hélicoptère à l'horizon. C'est quand même bizarre. Avoue ! 😐

— J'espère qu'il n'est rien arrivé à ton oncle, laissé-je échapper.

— Que veux-tu qu'il lui soit arrivé ?

— Ben, rien. Mais la question se pose, il me semble. Ne devrait-il pas déjà être là ? À vol d'oiseau, nous sommes à quelques minutes à peine de Veilani Estates.

Gino ne répond pas et son air sombre me convainc de ne pas insister.

16 H 15

La coulée de matière en fusion ne semble pas vouloir se tarir et l'air est en voie de devenir irrespirable. Le petit garçon tousse déjà comme s'il allait avoir une crise d'asthme. Il m'inquiète.

Pour le moment, le bébé et la fillette vont bien, mais pendant combien de temps encore ? Nous n'avons que très peu d'eau… Pire, je me demande si notre refuge ne va pas être incendié. Nous risquerions alors de nous transformer en torches vivantes ou d'être statufiés sur place, comme les habitants de Pompéi, tu sais, en 79 après Jésus-Christ[7].

Je repense à Leilani et à ses craintes superstitieuses. La force dévastatrice des éléments naturels est tellement terrifiante que je la comprends un peu. Nous sommes totalement impuissants face aux soubresauts de celle qu'on appelle parfois « mère nature », « Gaia » ou « Pélé », selon l'endroit où elle se déchaîne.

Tout contre moi, la présence du bébé dont j'ai la responsabilité est une source de réconfort. Je ferme les yeux un moment, comme pour m'évader de cette maudite montagne. C'est la voix de Gino qui me force à revenir à la réalité.

7. Il y a près de deux mille ans, en Italie, les habitants de la ville de Pompéi furent surpris par une éruption volcanique soudaine qui transforma certains d'entre eux en statues de pierre avant qu'ils ne puissent prendre la fuite. Les fouilles archéologiques ont en effet mis au jour les squelettes intacts de certaines victimes, encore dans la position où la catastrophe les a trouvées.

— Bon ben, dit-il, j'ai bien peur qu'il ne nous faille prendre une décision difficile.

— Que veux-tu dire ?

— Je ne suis pas certain que rester ici à attendre soit la meilleure chose à faire.

Je hoche la tête en fermant les yeux de nouveau. Sans le dire ouvertement, comme moi, il pense sans doute que la coulée risque à tout moment de s'élargir assez pour mettre le feu à la cabane. Nous imagine-t-il lui aussi tous les cinq transformés en torches vivantes ?

Je rouvre les paupières pour chasser cette image et m'entends répondre calmement :

— Je crois qu'il vaudrait effectivement mieux nous éloigner d'ici.

— Si nous partons maintenant, en nous dirigeant vers l'ouest, nous avons encore une chance de nous écarter du chemin de la lave et de trouver du secours. Il y a sûrement un village plus bas.

Tout à coup, un perroquet vient se poser sur le toit. Incroyable ! Il tient une brindille dans son bec. Sans savoir pourquoi, j'interprète son apparition comme un signe. Je tente un sourire.

— Tu as raison ! C'est probablement notre seule chance de salut. Manolo nous trouvera, où que nous soyons !

16 H 30

À contrecœur, notre petit groupe s'éloigne donc de l'endroit où l'oncle de Gino nous avait pourtant demandé de l'attendre bien sagement. Courons-nous à notre perte à cause de notre désobéissance ? Franchement, il semble que nous n'ayons pas vraiment le choix. (Tout bien réfléchi, me transformer en *marshmallow* pour feux de camp, très peu pour moi ! 😛)

Par contre, comme nous n'avons pas de carte, nous n'avons pas la moindre idée de là où nous allons. Notre seule préoccupation ? Nous diriger à l'opposé du danger, au meilleur de notre connaissance.

Il fait chaud et nous sommes fatigués. Gino et moi marchons en silence et seul le babillage des enfants rompt la monotonie de notre lente progression. La journée a été riche en émotions et les émotions, ça gruge l'énergie. On dit aussi que ça creuse l'estomac. Mon ventre gargouille et le bébé que je transporte commence à chigner doucement. Que vais-je bien pouvoir faire quand la faim le tenaillera tellement que ses pleurs se feront plus insistants ? Franchement, je suis trop épuisée physiquement et mentalement pour répondre à cette question. Tout ce que je sais, c'est que je ferai

TOUT ce qui sera en mon pouvoir pour garder ces enfants en sécurité et mériter la touchante confiance qu'ils manifestent envers nous, même si la lassitude est lentement en train de me transformer en une sorte de pitoyable zombie…

17 H

Nous marchons depuis environ une demi-heure. À la mousse et aux lichens succèdent les galets de pierre ponce et le basalte[8]. Il n'y a pas vraiment de sentier, alors nous devons faire attention à ne pas trébucher. J'ai pourtant la sensation de méditer. Plus nous avançons, plus je me sens calme, presque insensible à ce qui m'arrive. Les enfants se sont tus. On dirait qu'ils savent, qu'ils comprennent que nous avons désespérément besoin qu'ils se tiennent tranquilles. Il est aussi possible qu'ils soient tellement harassés qu'ils n'ont plus la force de parler…

J'en suis là de mes réflexions lorsque la situation se corse. Oooh ! Au détour d'un pic rocheux, un obstacle de taille se dresse en effet devant nous ! 😲

---

8. Le basalte est une pierre volcanique très foncée, allant du gris au noir, issue du magma qui s'est refroidi.

Quoi ? Je te le donne en mille ! Hé oui ! une crevasse d'environ un demi-mètre de large avec de la lave bouillante tout au fond. Et cette fois-ci, l'obstacle nous barre littéralement la route !

Misère ! Noooon ! Suivant la faille des yeux, nous constatons qu'elle s'élargit considérablement en descendant et qu'une fontaine de lave de plusieurs mètres de haut jaillit hors de la fissure, formant un mur infranchissable. C'est à la fois l'un des spectacles les plus impressionnants et les plus effrayants qu'il m'ait été donné de voir de près dans ma vie de globe-trotteuse.

Contre toute attente, les trois enfants se mettent à pleurer en même temps.

— *What are we going to do*[9] *?* demande l'aîné en jetant un regard angoissé à Gino.

Mon compagnon ne sait évidemment pas quoi lui répondre et je sens tout le désarroi du monde dans le coup d'œil qu'il me lance. Le fait est que nous ne pouvons pas rester ici. En même temps, nous ne voulons pas non plus rebrousser chemin. La situation s'envenime…

Je balaie les environs du regard, dans l'espoir de trouver une solution miracle. Il FAUT que je trouve une issue. La faille n'est pas bien large,

---

9. — Qu'allons-nous faire ?

mais il n'est pas question d'essayer de sauter avec un bébé dans les bras !

17 H 15

Qu'adviendra-t-il de nous cinq si je n'ai pas très bientôt une idée de génie ? Je n'ai qu'une certitude, c'est qu'aucun d'entre nous n'a envie de voir sa vie se terminer aujourd'hui. Encore moins dans la position d'un vulgaire morceau de viande grillée ! pensé-je. Parlant de grillade, une image s'impose à mon esprit. Tu connais le principe de la brochette, n'est-ce pas ? Oh là là ! Non, je ne suis pas en train de paniquer. Je pense plutôt que je viens d'avoir une drôlement bonne idée !!!

17 H 16

— Il nous faut un bout de bois ! m'écrié-je. Ou plutôt une longue planche, une grosse branche, un tronc, enfin n'importe quoi qui puisse nous servir de passerelle !

— Hein ? s'étonne Gino.

— Mais oui ! lui dis-je. Si nous voulons nous tirer de ce mauvais pas, nous allons devoir traverser la coulée de lave, tu es d'accord ? On ne va tout de même pas retourner sur nos pas maintenant !

À l'heure actuelle, on n'a pas la moindre idée de l'état du refuge que nous avons quitté. Si ça se trouve, il a peut-être déjà été emporté par une vague brûlante. Il faut aller de l'avant !

Surpris par mon soudain emportement, Gino ne répond pas tout de suite.

— Dans notre intérêt et dans celui des petits, il nous faut agir, et vite ! insisté-je.

— D'accord, réplique mon ami en se mettant à son tour à regarder autour de nous. Que proposes-tu exactement ?

— Eh bien...

Mon regard s'arrête sur un gros arbre déraciné et tombé un peu plus bas.

— Ce tronc, fais-je. Il peut nous servir de pont. Regarde, il est tombé au travers de la faille et il est bien large.

— Attends ! Tu es sérieuse, là ? s'exclame Gino, incrédule. Tu veux vraiment traverser un ruisseau de roches en fusion, dont la température atteint probablement sept cents degrés Celsius, en marchant en équilibre sur un tronc d'arbre, et en tenant un bébé contre toi et deux enfants par la main ?

(Je sais, dit comme ça, ça paraît insensé, effectivement, mais on est dans un roman, n'est-ce pas ? ☺)

— Je pense qu'on n'a pas vraiment le choix, déclaré-je. C'est ça ou nous nous transformons bientôt en cinq petits tas de boue visqueuse. 😛)

Il me jette un drôle de regard. Différent de tous ceux qu'il a pu poser sur moi jusqu'à présent. Avec quelque chose d'indéfinissable dans sa prunelle. C'est encore mon mascara qui fait des siennes ? Suis-je décoiffée ? Ai-je mauvaise haleine ? Hier encore, je m'en serais sans doute inquiétée. Mais aujourd'hui, ça n'a plus aucune importance.

— Je pense que tu as raison, se décide-t-il enfin. Comme l'absence de Manolo se prolonge, nous n'avons pas d'autre choix que de nous débrouiller seuls. Allez, les enfants ! On va descendre jusque là-bas et traverser sur ce pont ! Tout ira bien. Ne vous inquiétez pas.

Je ne saurais dire pourquoi mais, à cet instant précis, je lui suis éperdument reconnaissante de son appui…

17 H 30

Une fois, au cinéma, j'ai vu une scène de film dans laquelle le héros traversait les rapides d'une rivière en furie en jouant les funambules sur un tronc d'arbre tombé en travers du cours d'eau. J'aurais voulu essayer à mon tour, mais je déteste l'eau froide. Si l'eau était chaude, je serais partante sans hésiter ! ai-je alors songé. J'aurais peut-être mieux fait de m'abstenir d'envisager cette possibilité. Ma mère dit toujours que l'ennui avec les vœux, c'est qu'ils risquent de se réaliser. Elle ne croyait pas si bien dire ! (Ça m'apprendra à faire des souhaits idiots !) 😜

17 H 35

Je dois le dire, je n'ai pas VRAIMENT envie de mettre les pieds sur ce mauzusse de tronc d'arbre pour traverser cette satanée rivière de lave. Bon, j'essaie de me raisonner en me disant qu'il n'y a que deux pas à faire et puis c'est bon. Un demi-mètre, ce n'est pas la mer à boire. (T'en penses quoi ?) Je sais ! Pourquoi diable ai-je accepté de faire cette balade dans ce parc national des volcans ce matin ? J'aurais mieux fait de me casser une jambe, oui ! 😒

Quoi qu'il en soit, encore une fois, je dois taire mes appréhensions et donner l'exemple… Je passerai donc la première, avec le bébé.

17 H 36

Je ne peux pas croire que je suis vraiment en train de faire cela ! 😮 Il faut être franchement dérangée pour avoir ce genre d'idée. À moins qu'il ne faille tout simplement être totalement désespérée. Un fil de fer me semblerait soudain moins dangereux ! Il ne me manque qu'une ombrelle pour compléter le tableau ! Allez, après tout, il suffit de mettre un pied devant l'autre.

17 H 36 ET 33 SECONDES

Ne pas respirer. Ne pas penser. Avancer.

Oups ! ! ! je perds l'équilibre. Instinctivement, je fais des moulinets avec mes bras ! ! ! Ooouuuh !

Si je m'en sors vivante, et que je revois ma mère, jamais plus je ne ronchonnerai lorsqu'elle me demandera de faire mon lit ou de l'aider à faire la vaisselle.

OMG ! Plus qu'un pas à franchir !

17 H 37

Tu sais quoi ?

J'y suis arrivée ! ! ! Je peux à peine le croire ! J'ai réussi à TRAVERSER ! Hip hip hip ! Hourra !

17 H 37

— Bravo, Jules ! crie Gino depuis l'autre rive. Je t'envoie les enfants maintenant.

Mon Dieu ! Les enfants ! J'allais les oublier ! Nous ne sommes décidément pas au bout de nos peines. S'il leur arrive quelque chose, ce sera de ma faaauuute !

— Allez, ma belle, viens me trouver, fais-je en tendant les bras à la fillette.

Sans le moindre signe d'hésitation, celle-ci s'élance vers moi. Sa confiance est tellement touchante que mon cœur s'arrête.

Après dix interminables secondes, la voilà dans mes bras ! Je pousse un immense soupir de soulagement.

C'est ensuite le tour du garçon. L'air de trouver qu'il n'y a pas de quoi en faire toute une histoire, il traverse si rapidement que j'ai à peine le temps de cligner de l'œil. Quel formidable petit homme !

C'est ensuite le tour de Gino. À nouveau, je retiens mon souffle. S'il devait arriver quelque chose à mon ami, je ne m'en remettrais jamais. Ça, c'est certain ! À cette perspective, je comprends tout à coup que j'aime ce garçon. Je l'aime, tu comprends ? Plus que les spaghettis, la crème glacée, les soirées d'été, plus encore que les voyages et toute autre personne de mon âge.

Cette fois, je n'arrive pas à regarder et je ferme les yeux en comptant jusqu'à six. Un. Deux. Trois. Quatre. Cinq. Six. Lorsque je rouvre les paupières, il est à côté de moi.

Nous sommes passés ! Tous les cinq ! Nous sommes ensemble, vivants et en relative sécurité ! Nous y sommes arrivés ! Nous sommes formidables.

Il était temps, cependant. Un terrible grondement surgit soudain des tréfonds de la terre. Alors que nous nous enfuyons le plus rapidement possible, je jette un rapide coup d'œil en arrière et vois que la faille s'est élargie et que le tronc d'arbre prend feu avant de disparaître au fond du gouffre ! Nous l'avons échappé belle. C'est pas croyable !

— Déguerpissons ! hurlé-je.

Nous courons aussi vite que les petites jambes des plus jeunes nous le permettent. À en perdre haleine. Sans même penser à nos points de côté et à nos pieds douloureux. Nous courons pour conjurer le mauvais sort, pour nous éloigner du mal, de la douleur, de la peur, de la colère de Pélé.

17 H 50

Nous courons depuis un bon moment lorsqu'un bruit me fait lever les yeux au ciel.

— MANOLO !

Son hélicoptère descend, se rapproche, fait voler nos cheveux et emplit nos oreilles du son le plus réjouissant que je connaisse, jusqu'à venir se poser à environ cinq cents mètres de notre petit groupe. La porte s'ouvre aussitôt.

— Gino, Jules, vous êtes sains et saufs ! Dieu soit loué. Pardon ! Je n'aurais jamais dû vous laisser.

À ma grande surprise, l'oncle de Gino éclate en sanglots.

18 H

D'un seul élan, Gino, les enfants et moi avons accouru pour envelopper Manolo de nos bras. Nous sommes sauvés ! Il est venu nous sauver ! Le cauchemar va bientôt prendre fin. Il va tous nous ramener. L'un après l'autre, l'oncle de Gino nous aide à grimper à bord de son hélicoptère, pour la plus belle balade de notre vie !

18 H 20

Nous nous posons au cœur de la ville côtière d'Hilo, la plus grande municipalité du comté d'Hawaii. Là, des centaines de personnes anxieuses nous regardent. À travers la foule des journalistes, caméramans et autres adultes qui nous tendent les bras en attendant que s'ouvre la porte de l'hélicoptère, je devine que les mamans des trois enfants sont là. Contre toute attente, je ne tarde pas à apercevoir surtout les visages anxieux d'Eva et de Leilani. Elles sont venues pour Gino, me dis-je. Il n'y a personne pour moi, conclus-je, le cœur serré. Ma maman n'est pas là. Jetant un coup d'œil à ma blouse sale et déchirée, je me dis que je dois être affreuse. Je ferais honte à Gina…

Alors que je m'apprête à me lever, je surprends sur moi le regard de Gino. Il me regarde comme s'il me voyait pour la première fois. Et il sourit.

Bon, que va-t-il me sortir encore ? Je suis tellement lasse que je crois que je ne supporterai pas la moindre critique ou remarque désagréable, cette fois.

— Jules...

— Oui, Gino...

— Tu es... Tu es tellement...

— Tellement ? 🙄

— Tu es sans nul doute la plus jolie fille que j'aie jamais vue de ma vie.

— Quoi ?

Je ne dois pas avoir bien entendu. Je roule des yeux étonnés, voire un peu affolés. L'épuisement me joue sans doute des tours, pensé-je.

— Avec ton joli nez taché de suie, tes cheveux tout emmêlés et ta manche déchirée, poursuit-il, tu es absolument touchante, terriblement attirante, et surtout, vraiment très, très belle !

— Oh !

C'est alors qu'un petit miracle se produit. Là, devant la foule qui se presse à la porte de l'hélico, devant sa mère, sa tante, son oncle et devant tous ces étrangers, ces journalistes et ces badauds, il se penche vers moi, effleure mes lèvres et m'embrasse doucement, tendrement et surtout très très longuement.

Lorsque la porte s'ouvre finalement, nous sommes accueillis par une gigantesque salve d'applaudissements déchaînés…

Mardi 20 août

8 H 30

Les photos de la lave du Kilauea dévastant les routes et les habitations ont fait le tour du monde en un rien de temps. C'était évidemment à prévoir. Mais ce qui l'était moins, c'était qu'une photo de moi, échevelée et crasseuse, en train d'être embrassée par mon petit ami sur le siège arrière de l'hélicoptère, ferait, elle aussi, le tour de la planète en quelques heures à peine. 😮

Pour notre dernière matinée à Hawaii, Manolo et Leilani ne sont pas allés travailler et les enfants sont eux aussi restés à la maison avec nous. Nous prenons donc tous ensemble notre petit-déjeuner en regardant le bulletin télévisé montrant des images du Kilauea en éruption. Assise à côté de Gino, j'ai Keikilani sur les genoux. La fillette ne me quitte plus d'une semelle depuis nos retrouvailles. Je dois avouer que son affection me fait chaud au cœur.

Pendant que Manolo venait à notre rescousse, une escouade constituée de plusieurs dizaines d'hélicoptères secourait la population de Veilani Estates. Tout le monde a été transporté en lieu sûr. Par contre, il n'est pas certain que les villageois déplacés puissent un jour regagner leurs maisons. C'est bien triste, même si l'important est sans doute que les habitants soient sains et saufs, en particulier les enfants dont Gino et moi avons brièvement eu la garde. J'espère que le bébé va bien. Je pense que oui. Sa maman me l'a littéralement arraché des mains. Puis elle a compté les doigts et les orteils de la fillette, pour s'assurer qu'elle était entière, avant de m'enlacer pour me manifester sa reconnaissance.

En soirée, Leilani s'était mystérieusement absentée « pour faire une course urgente ». Elle s'est levée à l'aube ce matin, et elle et Eva ont préparé un petit-déjeuner de fête ! Tout le monde se régale et la joie est à son comble. Comme d'habitude, j'ai la larme à l'œil et je vis des émotions contradictoires. Il me tarde de revoir ma mère autant que j'ai du chagrin à l'idée de quitter Hawaii, Leilani, Manolo, Keikilani, Kai et Keoni.

Assis tout à côté de moi, Gino me comble d'attentions et prévient le moindre de mes désirs (même si je n'ai pas pensé à troquer mon affreux pyjama contre une plus jolie tenue, ni même à brosser mes dents avant le petit-déjeuner ☺). Tout un revirement de situation, avoue.

Sur le chemin du retour vers Kihei, hier, il m'a confié avoir à plusieurs reprises eu envie de m'embrasser depuis notre arrivée à Maui.

— L'autre soir, par exemple, lorsque je t'ai vue te joindre à ma tante et à ma cousine pour danser le *hula* lors du *luau*, j'ai eu un mal de chien à me retenir de t'embrasser tellement je t'ai trouvée adorable.

— Pourquoi ne l'as-tu pas fait ?

— Je n'ai pas osé devant ma mère et ma tante.

Il a baissé les yeux, un peu honteux.

— Et j'avais aussi un peu peur que tu me repousses. Tu as tellement de talents et tu es tellement douée en tout que je me suis senti intimidé. Et puis, lorsque nous sommes sortis avec Alexis et sa sœur et qu'il a eu l'air de te trouver tellement cool, j'ai compris à quel point j'avais de la chance de sortir avec une fille aussi formidable que toi.

Un peu embarrassée, j'ai éclaté de rire en lui donnant une bourrade amicale.

— Ce que tu peux être bête parfois ! Allez, assez de flatteries !

Il a rougi comme un champ de fraises et s'est contenté de me tenir la main, le reste du chemin.

9 H 30

Le repas terminé, il faut se résigner à rassembler nos affaires pour notre départ vers l'aéroport. J'ai le cœur gros parce que je me suis beaucoup attachée à cette famille. Nous nous apprêtons à nous lever lorsque Leilani sort de sous la table un sac contenant quatre petites boîtes emballées dans du papier imprimé d'un motif d'orchidée. Solennellement, elle distribue ses présents à Gino, Eva, moi et… son mari.

Un cadeau ?

Surprise et ravie, je m'empresse d'ouvrir le mien. Sur un lit de ouate toute blanche, je trouve un pendentif en bois, similaire à celui porté par la jeune femme et ses trois enfants.

— Notre tiki ! s'exclame l'oncle de Gino en découvrant le sien.

— Comme ça, tout le monde dans cette famille se trouvera protégé, répond Leilani en souriant.

— Oh ! fais-je avec émotion en comprenant que, grâce à ce pendentif, je viens d'entrer moi aussi dans la famille.

— Il est si joli, dit Eva en ne perdant pas une minute pour le mettre autour de son cou.

— Merci, ma tante, dit Gino.

— Mon amour ! s'exclame Manolo, avec un clin d'œil reconnaissant. Te voilà rassurée maintenant, non ?

— Je suis très touchée ! Mais ça signifie quoi exactement, un tiki ? demandé-je.

— Les tikis représentent les dieux polynésiens, répond Manolo. Ils sont omniprésents à Hawaii. On les retrouve autant sous la forme d'énormes statues que sous celle de bijoux ou de masques décoratifs.

— Porté sur soi, en tatouage ou en bijou, les tikis servent à protéger contre le danger, ajoute Leilani.

— Ah bon ! m'étonné-je.

— Il en existe des dizaines, mais celui-ci en particulier représente *Ohana*, la famille, ajoute-t-elle.

— Et il y en a un pour moi ?! m'extasié-je.

— Évidemment qu'il y en a un pour toi ! À partir d'aujourd'hui, je déclare solennellement que tu feras toujours partie de notre famille. Et à Hawaii, la famille, c'est sacré ! Porte ce pendentif où que tu sois. Chaque fois que tu te sentiras seule ou en danger, tu n'auras qu'à l'effleurer du doigt pour sentir que nous sommes tous avec toi ! complète la jeune femme en m'embrassant.

Des larmes coulent sur mes joues ! *Ohana*... Moi qui ai toujours rêvé d'une grande famille, me voilà comblée !

Spontanément, Keoni, Kai, Keikilani, Manolo et Leilani se lèvent et viennent m'entourer de leurs bras, bientôt suivis par Eva et Gino.

— *Aloha,* Juliette, nous t'aimons énormément !

Mon cœur se gonfle de gratitude. *Aloha,* me souviens-je, signifie non seulement « bonjour » et « bienvenue », mais surtout « amour ». 😍

Sur les pas de Juliette

MINIGUIDE DE TA VISITE À HAWAII

Hawaii ! Ce nom sublime évoque les plages, le surf, les fleurs et… les éruptions volcaniques. À moi, il rappellera dorénavant la dignité d'un peuple pour qui le respect de la nature et l'hospitalité sont des valeurs fondamentales.

Surnommé *The Aloha State*, l'archipel est aussi célèbre pour sa beauté ensorcelante que pour l'ambiance qui y règne.

Lorsqu'au XVIIIe siècle, le capitaine Cook, un très célèbre explorateur britannique, y pose le pied pour la première fois, il croit découvrir le paradis terrestre, rien de moins ! Il faut dire que l'archipel d'Hawaii, quasi perdu au milieu de l'océan Pacifique Nord, est aussi le groupe d'îles le plus isolé du monde entier.

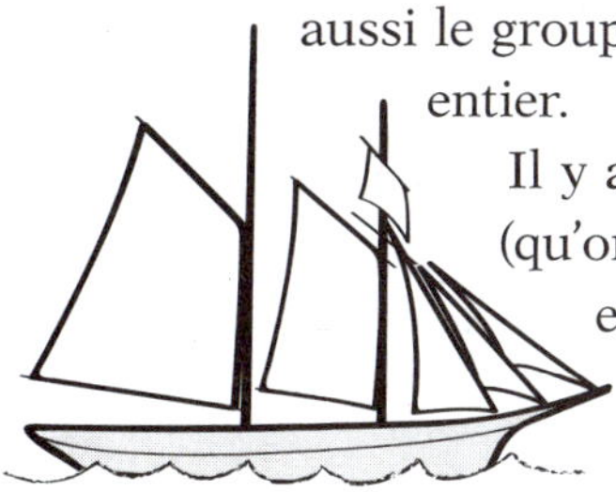

Il y a huit îles principales : Hawai'i (qu'on surnomme aussi Big Island en raison de sa taille), Maui, Kaho'olawe, Lana'i, Moloka'i, O'ahu, Kaua'i et Ni'ihau.

Toutes sont le résultat d'éruptions volcaniques, c'est-à-dire qu'elles sont en elles-mêmes le sommet d'autant de volcans nés dans les profondeurs de l'océan.

Colonisées par les Polynésiens il y a plus de mille trois cents ans, les îles d'Hawaii constituent aujourd'hui le seul des cinquante États des États-Unis situé hors du continent américain.

ARRIVER À HAWAII ET SE DÉPLACER

Puisque l'archipel est situé au beau milieu du Pacifique, il est probable que tu arrives sur place après une escale à Vancouver, Los Angeles ou San Francisco. Une fois sur l'île choisie, il est conseillé aux visiteurs de louer un véhicule afin de pouvoir se déplacer à leur guise. Il s'agit de loin de la solution la plus pratique, en particulier si ta famille et toi prévoyez visiter plusieurs plages, monter voir un volcan ou simplement explorer à votre rythme les différents lieux à voir absolument. Il est d'ailleurs hautement recommandé de réserver. Quant aux déplacements inter-îles, ils se font la plupart du temps en avion. À moins que tu n'aies toi aussi un oncle pilote d'hélicoptère… ☺

MONNAIE

Bien qu'Hawaii soit située en Océanie, c'est un État américain à part entière. On y paie donc en dollars américains, eh oui ! Le billet de 100 $ mis à part, tous les billets américains se ressemblent du fait qu'ils ne se distinguent que par le nombre indiquant leur valeur ainsi que par les portraits d'illustres personnages politiques imprimés sur leur côté face. Il faut donc être très attentif ! Le billet de 1 $ représente George Washington ; celui de 5 $, Abraham Lincoln ; celui de 10 $, Alexander Hamilton ; celui de 20 $, Andrew Jackson ; celui de 50 $, Ulysses Simpson Grant et celui de 100 $, Benjamin Franklin. Il n'y a pas de pièces de 1 $ et de 2 $. La pièce de 1 ¢ a toujours cours, ainsi que celles de 5 ¢, de 10 ¢ et de 25 ¢.

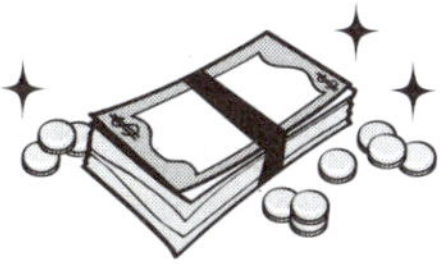

TEMPÉRATURE

À Hawaii, il fait beau toute l'année, avec un mercure se situant entre 20 °C et 30 °C. De plus, le soleil y est redoutable. Prépare donc tes bagages en conséquence ! ☺

Kaua'i
Ni'ihau
O'ahu
Honolulu
Pearl
Harbour
HAWAII

N
Ocean Pacifique
Moloka'i
Lana'i
Wailuku
Maui
Hana
Lāhaina
Kihei
volcan Haleakalā
Kaho'olawe
Hawai'i
(Big Island)
Aéroport
d'Hilo
volcan Mauna Loa
volcan
Kilauea

Si tu penses monter en altitude, pour observer le sommet d'un volcan, par exemple, songe à apporter des chaussures de randonnée et un chandail bien chaud. Il y fait frais, surtout le matin. Un imperméable léger est aussi recommandé parce que les ondées soudaines et de courte durée ne sont pas rares, en particulier au printemps et en hiver.

VISITER ET DÉCOUVRIR

L'intérêt d'un séjour à Hawaii ne se limite évidemment pas à ses magnifiques plages et à sa verdure luxuriante, loin de là ! La culture hawaiienne est aussi riche qu'envoûtante et il y a beaucoup, beaucoup à découvrir. Tellement qu'il m'a malheureusement fallu choisir. Autant du côté des coutumes et traditions que de celui des choses à voir, je te présente ici mes principaux coups de cœur ! ☺

Les volcans

Si la géographie d'Hawaii est tellement variée, c'est en grande partie à cause de ses volcans. L'archipel est en effet né avec l'apparition de ces géants tout droit sortis du fond des mers, dont le Mauna Loa, un des plus grands volcans du monde et le Kilauea, actif depuis janvier 1983.

Il existe à Hawaii deux parcs naturels où on peut observer les effets de l'activité volcanique :

• LE HAWAI'I VOLCANOES NATIONAL PARK

Si tu es de passage sur Big Island, tu ne dois absolument pas manquer cette visite ! Imagine seulement que le Mauna Loa est le volcan le plus imposant qui soit au monde, tandis que le Kilauea est le plus jeune et probablement le seul qui permette d'observer pour de vrai la lave bouillonnante qui s'en échappe… Yahoooou !

Ta famille et toi commencerez votre périple au Kilauea Visitor Center & Museum. On vous y fournira les dernières informations concernant l'activité volcanique, la qualité de l'air, ce qu'il est possible de voir en toute sécurité et l'état des différents sentiers de randonnée. Vous y trouverez aussi un petit musée interactif.

Si vous êtes de bons marcheurs, je vous recommande la Kilauea Iki Trail, une boucle d'un peu plus de six kilomètres de sentiers qui permet de voir successivement plusieurs paysages complètement différents les uns des autres. Attention, il y a souvent foule !

La Crater Rim Drive est une route de dix-huit kilomètres qui part du Kilauea Visitor Center et qui contourne le bord de la caldeira, proposant plusieurs autres sentiers de randonnée et autant de points de vue sensationnels.

Le Jaggar Museum vaut également le détour, en particulier parce que non seulement il permet d'en apprendre plus sur les dieux et déesses hawaiiens, mais surtout parce que sa terrasse permet de profiter de la plus extraordinaire vue qui soit sur le lac de lave bouillonnante du cratère Halema'uma'u. Tu n'en croiras pas tes yeux!

Enfin, et c'est important, en toutes circonstances, je t'exhorte à ne jamais t'écarter des routes et sentiers balisés! ☺

Pour te donner un aperçu de ce qu'il y a à voir, visite cette page Internet: www.nps.gov/havo

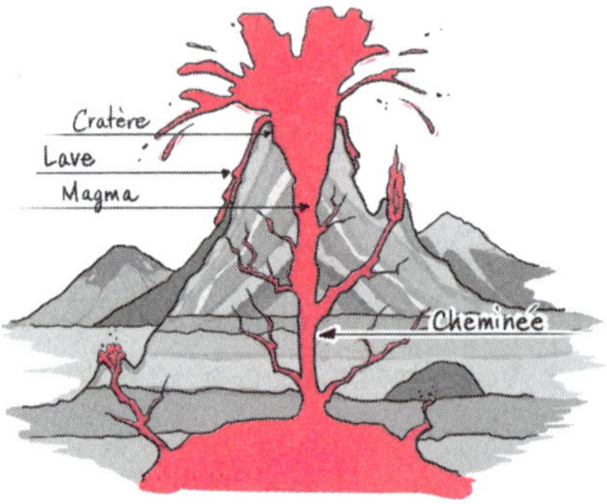

• L'HALEAKALĀ NATIONAL PARK

Sur l'île de Maui cette fois, cet autre parc national est un incontournable si tu es dans les parages. Des centaines de visiteurs y vont même dès l'aube pour assister au lever du soleil sur le volcan. Haleakalā signifie justement «maison du soleil» et il paraît qu'on se rend à son sommet pour assister à ce spectacle naturel depuis les tout premiers Hawaiiens.

Encore une fois, commence par un tour au Visitor Center, situé tout près de l'endroit où s'ouvre l'immense cratère, à 2 970 mètres d'altitude. En passant, ce volcan n'est plus en activité et la lave y a durci depuis longtemps. Qu'à cela ne tienne, le paysage lunaire, tout de rouge et de noir, est à couper le souffle et la route qui y mène est splendide ! De nombreux sentiers de randonnée sont également à la disposition des visiteurs.

Pour en apprendre davantage, jette un œil sur cette autre page Internet : www.nps.gov/hale

PROFITER DE LA PLAGE EN TOUTE SÉCURITÉ

Hawaii est célèbre pour la beauté de ses plages, ses vagues impressionnantes et la variété des activités sportives qui y sont pratiquées. Cependant, la nature n'est pas sans danger. À la plage ou en balade sur les côtes, fais toujours preuve de prudence et de bon sens. Les conditions océaniques des îles hawaiiennes peuvent varier grandement, non seulement au cours des saisons, mais également au cours d'une même journée. Pour cette raison, il vaut mieux choisir une zone surveillée pour te baigner. Sur ces plages, des panneaux et des drapeaux indiquent le niveau de sécurité au moment de ta visite. Une plage qui était sécuritaire en matinée peut très bien ne plus l'être du tout en après-midi. Il faut TOUJOURS tenir compte de ces indications et respecter scrupuleusement les avertissements des sauveteurs sur place.

Le surf

Le surf est né à Hawaii et son histoire est liée à celle de l'archipel. Au XVe siècle, il était réservé à l'élite de la société, c'est-à-dire aux chefs de tribu ainsi qu'à leurs meilleurs guerriers qui défiaient la mer sur de très lourdes et très longues planches de bois (*longboard*) dans une sorte de rituel spirituel. Lorsque Hawaii a été colonisée, la pratique en a d'ailleurs été interdite par les religieux sous le prétexte qu'il s'agissait d'une activité de dépravés parce que les hommes étaient alors à moitié nus... (Oui. Je trouve aussi que c'est trop bizarre... 😂)

Après cet épisode, le surf était presque tombé dans l'oubli quand il a été remis au goût du jour en tant que sport de haut niveau, autour de 1910, par un champion olympique de natation nommé Duke Kahanamoku qui s'est mis à faire des démonstrations un peu partout dans le monde lors de ses déplacements pour des compétitions.

À partir des années 1930, on a commencé à fabriquer des planches de plus en plus légères. La pratique de ce sport s'est ensuite démocratisée et répandue là où il y a la mer et des vagues, autour des années 1950.

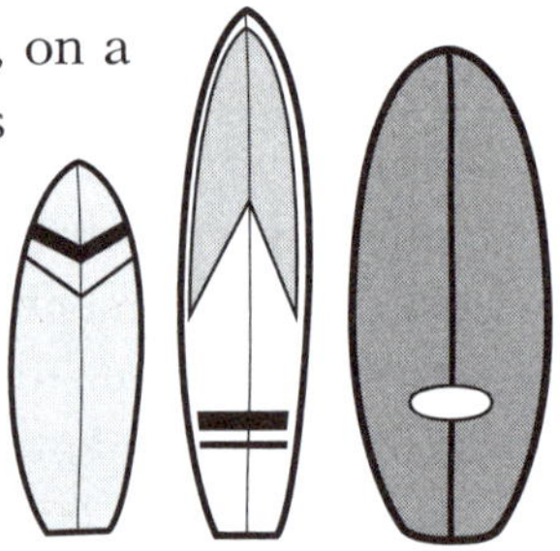

LE CANOË À BALANCIER

Le canoë hawaiien, ou la « pirogue à balancier » est une embarcation typique des peuples de Polynésie. Elle se caractérise par le balancier, attaché à son côté, qui lui permet un surcroît de stabilité par rapport à un autre type de pirogue. La mythologie hawaiienne mentionne que c'est à bord d'un de ces canoës que Pélé, la déesse mère de l'archipel, est arrivée à Hawaii avec certains de ses frères et sœurs. Autrefois sport officiel de la famille royale hawaiienne, le canoë est très prisé des jeunes Hawaiiens de tous âges, même les plus jeunes, et les clubs-écoles pullulent partout dans l'archipel.

Assister à un *luau*

Un *luau* est un banquet, une grande fête traditionnelle hawaiienne, qui marie un festin de mets typiques et un spectacle de *hula*. C'est un incontournable de toute visite à Hawaii.

LE REPAS

Comme dans tous les banquets, le *luau* se caractérise par la variété des mets proposés. Les plats traditionnels sont cependant privilégiés, tout comme les plats d'origine asiatique. On peut y déguster des *poke*, des cubes de poissons crus marinés servis avec du riz ou des vermicelles de riz, du *chicken long rice*, une sorte de ragoût ou de soupe épaisse contenant du poulet et des nouilles, et le fameux *Pua'a Kālua* ou « porc kalua ». Il s'agit d'un cochon de lait cuit à l'étouffée dans un *imu*, une sorte de four traditionnel obtenu en creusant un grand trou dans le sable dans lequel on dépose ensuite des pierres brûlantes et enfin un cochon prêt à cuire, enveloppé dans des feuilles de taro. En accompagnement, on t'offrira aussi de la purée de patates douces et du *poi*, c'est-à-dire de la racine de taro pilée. Petite curiosité en passant : le terme *luau* lui-même désigne justement les feuilles de taro utilisées dans de nombreuses recettes.

LE SPECTACLE

Le *hula* est un art complexe mariant la musique, le chant et la danse. Ce que l'on connaît comme étant la « danse traditionnelle hawaiienne » est avant tout un moyen de transmettre l'histoire du pays et le mode de vie de ses habitants. Un spectacle de *hula*

est donc inimaginable sans la présence du *Kapuna*, le narrateur, qui est toujours de sexe masculin. Le chant du *Kapuna* s'appelle le *mele*. Les danseurs, des deux sexes, incarnent les histoires racontées par le chant du *Kapuna*. Les chorégraphies sont complexes et les figures sont aussi athlétiques que les mouvements sont gracieux et délicats.

On apprend l'art du *hula* dès le plus jeune âge, dans des écoles toutes spéciales, les *halau,* sous la supervision de professeurs appelés *kumu hula*. Les jeunes fréquentent ces établissements les fins de semaine et la popularité des cours de *hula* ne se dément pas.

Bien que la tradition soit passée tout près de disparaître, au XIXe siècle, elle est plus vivante et plus populaire que jamais aujourd'hui. Il existe d'ailleurs de nombreuses compétitions de *hula* dans tout l'État d'Hawaii.

Les costumes des danseurs et danseuses sont généralement fabriqués avec des végétaux ; des feuilles et des fleurs, par exemple.

LA MUSIQUE

Les musiciens et leurs instruments ont eux aussi une grande importance dans la tradition du *hula* et dans le cadre d'un *luau*. Les percussions servent à marquer le rythme. Dans cette catégorie, il y a d'abord l'indispensable *pahu*. De diverses tailles, du plus grand au plus petit, il s'agit de tambours traditionnels. Le *pahu* est taillé

directement dans un tronc d'arbre, tel le *tamaru*, le *mi'o* ou encore le *pu'a*, et recouvert d'une peau (traditionnellement une peau de requin tendue par de solides cordelettes).

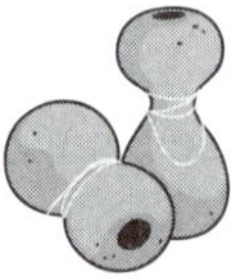

On trouve aussi le *ipu* et le *ipu ike* qui se tiennent à la main et dont le son rappelle celui des *maracas*. Ils sont conçus à partir du fruit de la gourde, une espèce de courge dite « courge calebasse » qui peut servir de récipient une fois vidée et séchée. Lorsqu'on y introduit des graines, et qu'on scelle le tout, voilà que ça devient un instrument de musique fort apprécié.

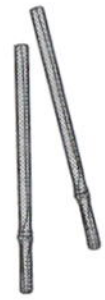

Il y a ensuite le *pū'ili*. Il s'agit d'un simple morceau de bambou taillé en franges à l'une de ses deux extrémités et venant par paires. Frottés l'un contre l'autre, ces bâtons produisent un son bien particulier typique des numéros de *hula* traditionnels. Je m'en voudrais de ne pas mentionner aussi les *'ili'ili*. Il s'agit de simples galets que

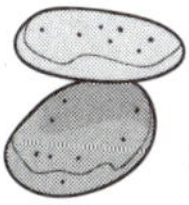

les danseuses manipulent avec une habileté remarquable à la manière de castagnettes espagnoles.

Enfin, dernier instrument de ma liste et non le moindre, le ukulélé n'est pas réellement ce qu'on peut appeler un instrument traditionnel hawaiien, puisqu'il a été introduit dans l'archipel par des immigrants portugais, au XIXe siècle. Reste qu'il est omniprésent à Hawaii et que les habitants de l'archipel l'ont façonné à leur image, notamment en créant le *ukulélé pineapple*, un instrument à quatre cordes qui a la forme d'un ananas. On n'imagine pas un *luau* sans ukulélé !

LE *LEI*

Le *lei* est un collier fabriqué à la main, le plus souvent à partir de coquillages, de plumes, de noix, de fleurs d'orchidée, de jasmin ou de frangipanier, et qui est offert pour souhaiter la bienvenue ou pour souligner tout autre événement spécial. C'est une marque d'affection et d'inclusion, et son délicat assemblage demande du temps et de la générosité. On l'offre également lors de cérémonies importantes : remise de diplôme, mariage, naissance.

Il se porte sur les épaules, une moitié sur la poitrine et l'autre moitié sur le dos. Attention, il ne faut jamais refuser un *lei* ou l'enlever en présence de la personne qui nous l'a offert. Le geste serait considéré comme un affront!

Le 1er mai, on célèbre la « fête du *lei* » dans tout l'archipel d'Hawaii.

Bon à savoir: une unique fleur portée par une femme ou une jeune fille derrière son oreille gauche signifie qu'elle est en couple. Portée derrière l'oreille droite, elle identifie celle-ci comme célibataire...

L'esprit *Aloha*

• BIEN PLUS QU'UNE SIMPLE FORMULE DE SALUTATION

Le véritable sens du mot *Aloha* est « amour ». Il désigne d'abord et avant tout un état d'esprit, même si on l'emploie couramment comme une formule de salutation, c'est-à-dire pour dire « bonjour » ou « au revoir ». « L'esprit *Aloha* » ou *Aloha spirit* se caractérise par l'ouverture aux autres, le sens de l'hospitalité, le respect, la gentillesse et l'appréciation inconditionnelle, sans jugement.

• LE SHAKA

Façon de saluer typique d'Hawaii, le shaka est un signe de la main. Pour le faire, il faut montrer sa main droite fermée, poignet relevé, paume en avant, avec le pouce et l'auriculaire tendus, et faire un léger mouvement du poignet. Né à Hawaii, le shaka n'a pas tardé à être adopté par la communauté mondiale des surfeurs. C'est une façon de dire « bonjour », mais aussi « merci ». À pratiquer avec le sourire ! ☺

LA MYTHOLOGIE HAWAIIENNE EN BREF

Pélé est la déesse mère que vénèrent les natifs d'Hawaii. Selon la légende, elle serait originaire de Tahiti, d'où elle aurait été chassée par une tempête. On dit que Pélé provoquerait elle-même les éruptions volcaniques en frappant le sol avec un bâton magique lorsqu'elle est en colère. On la représente le plus souvent comme une jeune fille à la longue chevelure, mais parfois aussi comme une très vieille femme accompagnée d'un chien blanc.

Il existe plusieurs versions au sujet des origines familiales de Pélé, mais la plus communément admise raconte qu'elle aurait six sœurs et sept frères. Et qu'elle aurait été emportée au large avec sa petite sœur, déesse du *hula*, et trois de ses frères, après avoir essuyé une tempête particulièrement violente provoquée par Nāmaka, sa sœur aînée, déesse de l'eau, avec qui elle entretiendrait un conflit permanent.

À l'époque des premières visites des Européens à Hawaii, les habitants leur refusaient l'accès à la caldeira du Kilauea, considérant le volcan comme une terre sacrée qu'il ne fallait surtout pas profaner sous peine de subir la colère de la déesse. Encore aujourd'hui, certaines superstitions ont la vie dure. Les divers dieux hawaiiens sont représentés sous la forme de tikis et ils sont nombreux.

Attention : Il est par exemple très mal vu de prélever du sable ou des cailloux sur la plage, ou de ramasser des pierres volcaniques dans le but de les rapporter à la maison. On te dira que ça porte malheur !

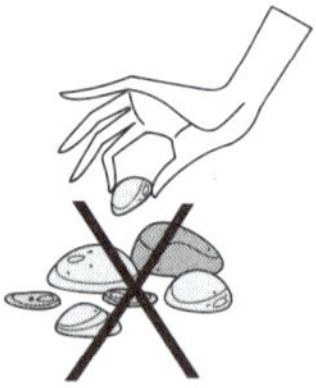

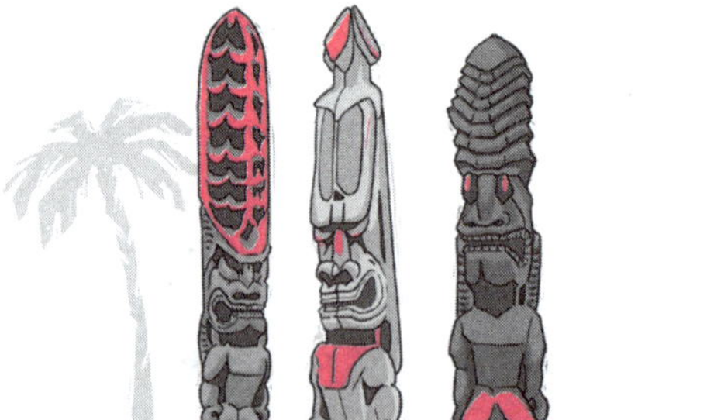

L'HAWAIIEN POUR LE VOYAGE

La langue parlée à Hawaii est l'une des plus anciennes langues vivantes qui soient, même si elle a été longtemps menacée et qu'elle a failli disparaître. Avant l'arrivée des Occidentaux dans l'archipel, elle était exclusivement orale. Les missionnaires furent les premiers à en proposer une version écrite.

L'alphabet traditionnel hawaiien utilise douze lettres empruntées à l'alphabet latin: a, e, i, o, u, h, k, l, m, n, p et w. Le « u » se prononce « ou » et le « w » se prononce « v ». À cet alphabet s'ajoute une apostrophe ('), qu'on appelle l'*okina*, et un tiret, qu'on appelle le *kahakō*.

L'apostrophe tient lieu de lettre à part entière et elle est toujours placée devant une voyelle. D'ailleurs, tous les mots de la langue hawaiienne se terminent par une voyelle. Quant au tiret, couché sur certaines voyelles, il indique qu'il faut étirer celles-ci.

(Facile, non? ☺) Je blague, évidemment. Bien qu'un peu difficile à apprendre, le langage traditionnel de l'archipel sonne très joliment à l'oreille. Tu trouveras ici un échantillon de ce que j'ai moi-même appris. Enfin, sache que tous les habitants parlent aussi l'anglais.

FRANÇAIS	ANGLAIS	HAWAIIEN
Bonjour	Good morning	Aloha
Comment allez-vous ?	How are you ?	Pehea ʻoe ?
À tout à l'heure	See you later	A hui hou
S'il vous plaît	Please	ʻOlu ʻolu
Merci	Thank you	Mahalo
Un grand merci ou Merci beaucoup	A big/large thank you or Many thanks	Mahalo nui loa
Je t'aime	I love you	Aloha wau ia oe
Grand – Large – Plusieurs	Big – Large – Many	Nui
Bien – Excellent	Good – Excellent	Maikaʻi
Délicieux	Delicious – Tasty	ʻOno
Oui	Yes	ʻAe
Non	No	ʻAʻole
Fais-le encore	Do it again	Hana hou
Fais attention	Take care – Be careful	Mālama pono
Va – Vas-y – Allez	Go, going	Hele
Viens	Come	Hele mai
La maison	The house	Hale
La famille	The family	ʻOhana
La mer	The sea	Kai
À travers les montagnes	Toward the mountains	Ma uka
À travers la mer	Toward the sea	Ma kai
Femme	Woman	Wahine
Homme	Man	Kāne
Enfant	Child	Keiki
Aîné(e) de la famille	Oldest child in family	Hiapo

Benjamin(e)	Youngest child in family	Muli loa
Chef	Chief	Aliʻi
Beau – Belle – Joli(e)	Beautiful – Pretty	Nani
Étranger – Visiteur – Touriste	Visitor – Tourist	Malihini
Autochtone – Hawaiien	Native – Local	Kamaʻāina
Professeur – Enseignant	Teacher	Kumu
Interdit – Tabou	Prohibited – Taboo – Forbidden	Kapu
Le feu	The fire	Ahi
Stupide	Stupid	Lōlō
Fou	Crazy – Insane	Pupule
Le ciel	The sky – The heaven	Lani
Fleur	Flower	Pua
Bagage	Baggage – Luggage	Ukana
Un	One	ʻEkaki
Deux	Two	ʻElua
Trois	Three	ʻEkolu
Quatre	Four	ʻEhā
Cinq	Five	ʻElima
Six	Six	ʻEono
Sept	Seven	ʻEhiku
Huit	Eight	ʻEwalu
Neuf	Nine	ʻEiwa
Dix	Ten	ʻUmi

ALOHA !

UN PEU D'HISTOIRE

L'histoire d'Hawaii commence il y a environ un millier d'années, avec l'arrivée en canoë des premiers voyageurs qu'on pense venus des îles Marquises. Elle est riche en rebondissements et particulièrement intéressante.

CHRONOLOGIE

300-500 Arrivée d'une première vague de Polynésiens venus vraisemblablement des îles Marquises dans de simples pirogues (ou canoës, comme disent les Hawaiiens).

850 La majorité des îles d'Hawaii sont occupées.

1100-1300 Arrivée d'une deuxième vague de Polynésiens, cette fois probablement en provenance de Tahiti. Ils réduisent en esclavage ceux qui les ont précédés.

1400 Émergence des débuts de la culture hawaiienne telle qu'on la connaît avec un système de classes sociales répartissant les habitants par tribus.

1736-1758 Naissance approximative de Kamehameha Ier, celui qui deviendra le premier souverain d'Hawaii.

1768 Naissance de Kaahumanu. Elle deviendra la femme de Kamehameha et la première reine d'Hawaii.

1778 Découverte de l'archipel d'Hawaii par le capitaine Cook qui le baptise les « îles Sandwich ». ☺

1779 Deuxième séjour de James Cook à Hawaii au cours duquel il perd la vie.

1785 Union de Kamehameha et Kaahumanu.

1795 Kamehameha devient le premier souverain du royaume d'Hawaii.

1797 Naissance de Liholiho, fils de Kamehameha et Kaahumanu, qui deviendra plus tard Kamehameha II.

1804 Une épidémie inconnue décime la majorité de la population d'Hawaii.

1810 Unification de toutes les îles de l'archipel en un seul royaume.

1819 Décès de Kamehameha Ier.
Accession au trône d'Hawaii de Liholiho et de sa mère Kaahumanu.

1820 Arrivée des premiers missionnaires chrétiens à Kailua, sur l'île d'O'ahu.

1826 Les missionnaires rédigent le premier dictionnaire et alphabet hawaiien de l'histoire.

1831 Ouverture de la première école destinée aux garçons de l'île de Maui.

1836 Ouverture à Wailuku de la première école destinée aux filles, sur l'île de Maui.

1842 Le président américain John Tyler reconnaît l'indépendance du royaume d'Hawaii.

1852 Les premiers ouvriers chinois arrivent à Hawaii pour travailler sur les plantations de sucre.

1868 Les premiers ouvriers en provenance du Japon viennent à Maui pour travailler dans les plantations sucrières.
Le Mauna Loa entre en éruption sur l'île d'Hawaii.

1893 La monarchie hawaiienne est renversée par un groupe de chefs d'entreprise américains.

1894 La république d'Hawaii est créée par le président américain Grover Cleveland.

1896 Une loi établit l'anglais comme langue officielle d'Hawaii et seule langue d'enseignement.

1898 Le président américain McKinley signe une résolution annexant Hawaii au territoire américain.

1900 Le territoire d'Hawaii est officiellement cédé aux États-Unis.
Première vague d'immigrants en provenance de Porto Rico venus travailler dans les plantations sucrières de Lāhaina, Maui.

1905 L'usage de la langue hawaiienne devient formellement interdit dans les écoles.

1912 Le surfeur hawaiien Duke Kahanamoku obtient une médaille d'or de natation à Stockholm, lors des Jeux olympiques de Suède.

1927 Ouverture du très célèbre Royal Hawaiian Hotel sur la plage de Waikiki.

1941 La base militaire de Pearl Harbour est attaquée par l'armée japonaise, ce qui fait entrer les États-Unis dans la Seconde Guerre mondiale.

1946 Tsunami le plus destructeur de l'histoire de l'archipel.

1959 Hawaii devient le 50e État américain.

1971 Organisation du premier concours de *hula* de l'État d'Hawaii, qui coïncide avec les débuts de la reconnaissance de la spécificité et de la légitimité de la culture hawaiienne.

1978 L'hawaiien est à nouveau admis comme langue officielle d'Hawaii.

1983 Début de l'éruption du Kilauea, toujours en cours.

1991 Premières écoles d'immersion en langue hawaiienne.

2008 Barack Obama, né à Honolulu, sur l'île d'O'ahu, devient président des États-Unis.

20xx Visite de Juliette Bérubé.

20xx Ta visite.

QUESTIONNAIRE

1. Comment appelle-t-on les habitants d'Hawaii ?

a. Les Ananas
b. Les Hawaiiens
c. Les Polynésiens
d. Les Américains

2. Comment s'appelle le collier de fleurs traditionnel hawaiien fabriqué à la main et offert pour souhaiter la bienvenue ou lors de moments particuliers ?

a. Le *lei*
b. Le *coleï*
c. L'*ananascoleï*
d. La *heïla*

3. Selon la légende, d'où sont venus les premiers habitants des îles hawaiiennes ?

a. D'Afrique
b. D'Amérique
c. Du nord de l'Europe
d. De Polynésie

4. Que signifie en français le mot hawaiien «*pupule*»?

a. Malodorant
b. Pur
c. Fou
d. Sale
e. Propre

5. Dans quel océan est situé l'archipel d'Hawaii?

a. L'océan Indien
b. La mer Méditerranée
c. L'océan Pacifique
d. La mer Noire

6. Quel est le nom de l'explorateur britannique qui a été le premier à visiter Hawaii après l'arrivée des Polynésiens?

a. Le capitaine Kirk
b. Le capitaine Cook
c. Le capitaine Look
d. Le capitaine Haddock

7. Comment surnomme-t-on, en anglais, l'archipel d'Hawaii? (Un indice: on retrouve ce surnom sur les plaques d'immatriculation des voitures de l'État.)

a. Beach State
b. Fun State
c. Aloha State
d. Surf State

8. Qu'est-ce que le Kilauea ?

a. Un tigre blanc en voie de disparition sur l'île de Maui
b. Le dieu de la mer hawaiien
c. Un volcan situé sur Big Island
d. Un type de vent venu du sud

9. Qu'est-ce que le *hula* ?

a. Un jeu qui se pratique avec un cerceau que l'on fait tourner autour de sa taille en essayant de l'empêcher de tomber au sol
b. Un plat national à base de nouilles
c. Un petit animal qui ressemble à un chat
d. Une danse traditionnelle hawaiienne

10. Un instrument de musique traditionnellement associé à Hawaii est pourtant originaire du Portugal. Quel est cet instrument ?

a. Le ukulélé
b. Le *pahu*
c. Le *ipu ike*
d. Le *pū'ili*

11. Qui est Pélé ?

a. La déesse mère d'Hawaii qui vit à l'intérieur du Kilauea
b. Une montagne de Grèce
c. Une marque de crème solaire
d. La meilleure amie de la petite Keikilani dans *Juliette à Hawaii*

12. Trouve l'affirmation fausse parmi celles-ci.

a. À Hawaii, il est mal vu de prélever des cailloux dans le but de les ramener à la maison en souvenir.

b. À Hawaii, il est impoli d'enlever son *lei* en présence de la personne qui nous l'a offert.

c. À Hawaii, une tradition veut que l'on mange des spaghettis le samedi.

d. À Hawaii, il est de coutume de se saluer en disant *Aloha*.

Réponses en page 239

Ton carnet de visite

Date : ____________________ **Météo :** ______________

Visites du jour : ______________________________

____

____

____

____

Avec qui ? ______________________________

Tes impressions : ______________________________

____

____

____

____

____

____

____

____

____

____

____

Date: ____________________ **Météo:** ______________

Visites du jour: ______________________________

Avec qui? ______________________________

Tes impressions: ______________________________

Date: ______________________ **Météo:** ______________

Visites du jour: ____________________________________

____

____

____

____

Avec qui? ____

Tes impressions: ___________________________________

Date: __________ Météo: __________

Visites du jour:

Avec qui?

Tes impressions:

Date: ____________________ **Météo:** ______________

Visites du jour: ________________________________

____

____

____

____

Avec qui? ________________________________

Tes impressions: ________________________________

____

____

____

____

____

____

____

____

____

____

____

____

____

____

Date: ______________________ **Météo:** ______________

Visites du jour: ____________________________________

Avec qui? ____________________________________

Tes impressions: ____________________________________

Date: ____________________ **Météo:** ______________

Visites du jour: ______________________________

Avec qui? ______________________________

Tes impressions: ______________________________

Date: ____________________ Météo: ______________

Visites du jour: ______________________________

____

____

____

____

Avec qui? ______________________________

Tes impressions: ______________________________

____

____

____

____

____

____

____

____

____

____

____

____

____

____

RÉPONSES AU QUESTIONNAIRE

1. **b.** Les Hawaiiens, bien sûr ! Si tu as répondu **a.** Les Ananas, tu as intérêt à te poser des questions. 😂
2. **a.** Le *lei*, oui. Bravo !
3. **d.** De Polynésie.
4. **c.** Fou.
5. **c.** L'océan Pacifique.
6. **b.** Le capitaine Cook, oui. ☺
7. **c.** Aloha State.
8. **c.** Un volcan situé sur Big Island qu'on appelle aussi l'île d'Hawaii.
9. **d.** Une danse traditionnelle hawaiienne.
10. **a.** Le ukulélé.
11. **a.** La déesse mère d'Hawaii.
12. **c.** Sauf pour les gourmandes comme moi, cette tradition n'existe pas !

REMERCIEMENTS

Si j'ai le privilège de pouvoir vous offrir cette nouvelle aventure de Juliette, c'est que j'y ai fait la connaissance de gens formidables et que plusieurs ont eu la générosité de partager leurs connaissances avec moi. Mes remerciements les plus sincères à Robert et Kathy Chewey, résidents de Maui, à Leanne Pletcher, directrice du Maui Visitors Bureau, à Wailuku, ainsi qu'à nos hôtes du Old Lāhaina Lūʻau. De chaleureux remerciements également à France Bélanger et André Bibeau, de chez Complexe Capitale Hélicoptère, à Québec.

De la même auteure

Juliette à New York, roman, Montréal, Hurtubise, 2014.
Juliette à Barcelone, roman, Montréal, Hurtubise, 2014.
Juliette à La Havane, roman, Montréal, Hurtubise, 2015.
Juliette à Amsterdam, roman, Montréal, Hurtubise, 2015.
Juliette à Paris, roman, Montréal, Hurtubise, 2016.
Juliette à Québec, roman, Montréal, Hurtubise, 2016.
Juliette à Rome, roman, Montréal, Hurtubise, 2017.
Juliette à San Francisco, roman, Montréal, Hurtubise, 2017.
Juliette à Londres, roman, Montréal, Hurtubise, 2018.
Juliette à Hollywood, roman, Montréal, Hurtubise, 2018.
Juliette à Athènes, roman, Montréal, Hurtubise, 2019.

Suivez Juliette sur Facebook:
https://www.facebook.com/SerieJuliette

Viens nous rejoindre
/HpourHurtubise
/editions_hurtubise

Achevé d'imprimer en octobre 2019
sur les presses de l'imprimerie Marquis-Gagné
Louiseville, Québec

Imprimé sur papier québécois 100 % recyclé